Andrea Wilmes

Spielen und Gestalten mit älteren Menschen

Materialsammlung für sozialpädagogische und sozialpflegerische Berufe

1. Auflage

Bestellnummer 40192

Bildungsverlag EINS

Haben Sie Anregungen oder Kritikpunkte zu diesem Produkt?
Dann senden Sie eine E-Mail an 40192_001@bv-1.de
Autorin und Verlag freuen sich auf Ihre Rückmeldung.

www.bildungsverlag1.de

Bildungsverlag EINS GmbH
Sieglarer Straße 2, 53842 Troisdorf

ISBN 978-3-427-**40192**-6

Inhaltsverzeichnis

Seite

Vorwort

Ausgangspunkt und Zielgruppe

Ausgangspunkt für die vorliegende Materialsammlung bildet das Lehrbuch „Fachpraxis Sozialpädagogik und Sozialpflege". Sie ergänzt die dort vorgestellten praktischen Vorschläge für die Arbeit mit älteren Menschen.

Diese Materialsammlung eignet sich:

- für den Einsatz im fachpraktischen Unterricht der Sozialhelfer und anderer Auszubildender in der Altenhilfe,
- für sozialpädagogische und sozialpflegerische Fachkräfte in Einrichtungen der Altenhilfe,
- für ehrenamtliche Helfer, die ältere Menschen in Spiel und Freizeit begleiten.

Aufbau der Materialsammlung und Umgang mit den praktischen Vorschlägen

Die einzelnen Kapitel enthalten Sammlungen konkreter Ideen, Anleitungen und Anregungen aus verschiedenen Bereichen der sozialpädagogischen Arbeit mit älteren Menschen.
Diese sind als Vorschläge zu verstehen, die entsprechend der jeweiligen Situation und der individuellen Ressourcen und Einschränkungen der älteren Menschen variiert werden können.

Da die einzelnen Seiten perforiert wurden, besteht die Möglichkeit, sich für bestimmte Gruppenstunden o. Ä. entsprechende Seiten herauszutrennen, diese in einer eigenen Spielmappe zu sammeln und auf einem gesonderten Blatt Variationsideen zu notieren. Die Liedtexte u. Ä. können zudem für eine Gruppe älterer Menschen kopiert werden. Sie sollten dann etwas vergrößert werden, damit sie sich so auch für Gruppenmitglieder mit Sehbeeinträchtigungen eignen.

Ich hoffe, mit dieser Materialsammlung allen Schülerinnen und Schülern, sozialpädagogischen und sozialpflegerischen Fachkräften und anderen Betreuern in der Altenhilfe eine anregende Praxishilfe für die eigene Arbeit anbieten zu können und wünsche viel Freude und Erfolg beim Ausprobieren der Spiel- und Gestaltungsvorschläge.

Andrea Wilmes

Spielen und Gestalten als Beitrag zur ganzheitlich-fördernden Pflege

Die Durchführung von offenen Angeboten, wie Spielen und Gestalten, hilft, Bedürfnisse älterer Menschen zu erkennen und zu befriedigen und leistet einen wichtigen Beitrag zur Realisierung einer ganzheitlich-fördernden Pflege. Wenn alle in einer Altenpflegeeinrichtung Tätigen diese Angebote als pflegerischen Grundanspruch eines jeden älteren Menschen anerkennen und das Team sich gemeinsam für die Durchführung regelmäßig stattfindender Angebote einsetzt, kann diese pädagogische Arbeit insbesondere in folgenden vier Punkten einen Gewinn für die Altenarbeit bringen:

Durch offene Angebote wird es eher möglich, die Senioren mit ihren Stärken und Schwächen kennenzulernen.
Durch Beschäftigungsangebote erhält man zahlreiche Informationen über Bedürfnisse, Interessen, Schwächen, aber auch über vorhandene Ressourcen der Senioren. So wird es möglich, die älteren Menschen besser und von einer anderen Seite kennenzulernen.

Offene Angebote tragen dazu bei, die Kommunikationsmöglichkeiten der Senioren zu verbessern.
Gerade Gestaltungsangebote u. Ä. bieten die Möglichkeit, mit den Senioren ins Gespräch zu kommen. Nachfragen bezüglich ihres Befindens, ihrer Alltagserlebnisse u. Ä. regen zum zwanglosen Gespräch an.

Durch offene Angebote kann die Angehörigenarbeit eine Verbesserung erfahren.
Werden Angehörige in die pädagogische Arbeit mit den älteren Menschen einbezogen, so bedeutet dies Entlastung und Bereicherung auf beiden Seiten. Die Verunsicherung mancher Angehörigen bei Besuchen kann durch Begleitung und Unterstützung des Pflegepersonals vermindert werden. So wäre es z. B. vorstellbar, den Angehörigen eine beliebte Spielesammlung, kleine Geschichten o. Ä. anzubieten, um gemeinsam mit den Senioren etwas tun können. Ebenso sollten Angehörige bei Festen, Ausflügen u. Ä. einbezogen werden, damit bei den älteren Menschen das Gefühl erhalten bleibt, auch in einer neuen Umgebung wie früher gemeinsam etwas mit der Familie unternehmen und erleben zu können.

Offene Angebote dienen der Qualitätssicherung in der Altenpflege.
Wird in einer Altenpflegeeinrichtung gute pädagogische Arbeit geleistet, wird dies in der Öffentlichkeit schnell bekannt. Einrichtungen mit einem guten Ruf aufgrund qualifizierter Arbeit werden auf dem Altenhilfemarkt weiterhin bestehen. Auch dies sollte ein Grund sein, durch gut durchdachte, sinnvolle Angebote die Qualität der Pflege zu sichern (vgl. Dunkhorst, 2001, S. 13–16).

Spielen und Gestalten mit demenzkranken Menschen

In den letzten Jahren ist die Zahl der chronisch verwirrten oder demenzkranken Menschen stark angestiegen.
Diese Gruppe von Menschen benötigt aufgrund ihrer vielschichtigen Einschränkungen spezielle Betreuungsangebote. Da jedoch jeder Mensch, der an Demenz erkrankt ist, auf den Verlust seiner verstandesmäßigen Fähigkeiten anders reagiert, kann es auch nicht das eine Betreuungskonzept für den Umgang mit demenzkranken Bewohnern geben. Jeder an Demenz erkrankte Mensch muss entsprechend seiner veränderten Verhaltens- und Erlebensweisen und auch der ihm verbliebenen Erfahrungs- und Handlungsmöglichkeiten individuell betreut werden.

Es gibt nicht „den an Demenz erkrankten Menschen", sodass es auch kein einheitliches Betreuungskonzept für den Umgang mit diesem Personenkreis geben kann.

Unter Berücksichtigung einiger Grundsätze werden für Menschen, die an Demenz erkrankt sind, Angebote ausgewählt, die von ihnen mit Freude angenommen werden können.

Je nach Noch-Möglichkeiten des Bewohners selbst und den Möglichkeiten und Strukturen der Dementenbetreuung in der jeweiligen Altenhilfeeinrichtung kann es sich um spezielle Angebote für demenzkranke Menschen oder auch um integrative Angebote handeln, die Menschen ohne und mit leichter Demenz in gleicher Weise ansprechen.

Aufgrund der kognitiven Einschränkungen demenzkranker Bewohner bietet sich ein *Gedächtnistraining* für diese Personengruppe nicht an. Durch ein solches Angebot fühlen sich diese Menschen überfordert und in ihrem Selbstwertgefühl geschwächt, wenn ihnen ihre Defizite zu sehr vor Augen geführt werden. Deshalb sollten nur Angebote ausgewählt werden, die den Bewohnern gut tun und mit Interesse und Freude von ihnen aufgenommen werden können.

Allgemeine Hinweise für die Auswahl von Angeboten für demenzkranke Bewohner

- Um den Bewohnern Orientierung und Sicherheit innerhalb ihrer Tagesstruktur zu gewährleisten, sollten Angebote zu festgelegten Zeiten stattfinden.
- Aufgrund ihrer geringen Konzentrations- und Leistungsfähigkeit sollten Angebote für diese Gruppe nicht länger als 20 Minuten dauern, um eine Überforderung zu vermeiden.
- Eine kurze und möglichst tägliche Aktivierung unter Einbeziehung von Körperübungen wird beispielsweise als sinnvolles Angebot für diese Gruppe von Bewohnern angesehen (z. B. die 10-Minuten-Aktivierung nach Schmidt-Hackenberg, siehe Kapitel 4).
- Demenzkranke Bewohner sollen Angebote erhalten, die einen Bezug zu ihren früheren Aktivitäten und Interessen haben. Durch die Auseinandersetzung mit der individuellen Lebensgeschichte können Ressourcen des Langzeitgedächtnisses aufgedeckt und vorhandene Fähigkeiten gezielt aktiviert werden. Auch tragen einfühlsame, geduldige Gespräche über frühere Erlebnisse dazu bei, verschüttete oder verdeckte Erinnerungen wachzurufen, wenn ein entsprechender Impuls gegeben wird. Auf diese Weise können Erfolgserlebnisse gefördert und Misserfolgserlebnisse vermieden werden.
- Bei allen Angeboten sollte darauf geachtet werden, dass wenige Reize gezielt eingesetzt werden (z. B. gezielter Einsatz von Musik, anstatt eine Dauerberieselung durch das Radio), um Unruhe und Reizüberflutung, die Angst und Unsicherheit auslösen können, zu vermeiden.

Je nach früheren Interessen bieten sich für demenzkranke Menschen neben der *10-Minuten-Aktivierung* insbesondere kurze Angebote aus folgenden Bereichen an:

- *Musik und Singen* (siehe Kapitel 6)
- *Erinnerungspflege* (siehe Kapitel 3/Erinnerungsspiele)
- *Spielen bekannter Gesellschaftsspiele* mit zum Teil vereinfachten Spielregeln oder Spiele, die speziell auf die Fähigkeiten der Bewohner zugeschnitten sind (siehe Kapitel 3/Tischspiele)
- *Werken und Gestalten* (siehe Kapitel 5)
- *Snoezelen und andere wahrnehmungsfördernde Angebote*[1]

In vielen Einrichtungen der Altenhilfe werden sogenannte „gruppenübergreifende Angebote" durchgeführt, d. h. Angebote, die nicht nur Bewohner eines Wohnbereichs, sondern alle Bewohner einer Einrichtung ansprechen sollen.
An solchen Angeboten werden häufig auch Menschen mit einer leichten Demenz beteiligt. Diese gemeinsamen Angebote für nicht verwirrte und demenzkranke Menschen können zum Beispiel sein:

- Vorbereitung und Durchführung von Festen und Feiern (siehe Kapitel 2)
- Spielnachmittage (siehe Kapitel 3)
- werktechnische und gestalterische Angebote (siehe Kapitel 5)
- musikalische Angebote (siehe Kapitel 6)
- Lesestunde mit einfachen Texten (siehe Kapitel 7)

Es ist nicht immer leicht, Menschen mit unterschiedlichen Fähigkeiten und Fertigkeiten in gleicher Weise gerecht zu werden. Deshalb sollte genau beobachtet werden, wann sich demenzkranke Menschen nicht mehr gut in diesen Gruppen betreuen lassen und es sinnvoller erscheint, sie an Angeboten zu beteiligen, die speziell auf ihre individuellen Möglichkeiten abgestimmt sind. So lassen sich Stress, Unruhe und Hektik für Betreuer und Teilnehmer vermeiden und das Angebot kann von allen Beteiligten mit Freude durchgeführt werden (vgl. Mötzing, 2005, S. 70 ff.).

1: Beim Snoezelen, einer Wahrnehmungsförderungsmethode, die erstmalig in den Niederlanden für schwerst- und mehrfachbehinderte Menschen eingesetzt wurde, handelt es sich um ein Angebot, das ein gewisses Maß an Vorkenntnissen bezüglich der Anwendung dieser Methode voraussetzt. Aus diesem Grunde wird im Rahmen dieses Buches auf diese Art von Angebot nur verwiesen und empfohlen, bei Interesse an einer entsprechenden Fortbildung teilzunehmen.

1 Gedächtnistraining

1) *Sterne*
2) *Farben*
3) *Tiere*
4) *Kräuter*
5) *Eis*
6) *Kartoffeln*
7) *Licht und Kerzen*

Mithilfe des Gedächtnistrainings werden geistige Fähigkeiten, die bei hochbetagten Menschen noch vorhanden sind, erhalten und gefördert.

So kann die geistige Leistungsfähigkeit erhalten bleiben, weiterentwickelt oder auch in Ansätzen zurückgewonnen werden. Dies hat positive Auswirkungen auf die gesamte Persönlichkeit der älteren Menschen:

- Durch Erfolgserlebnisse wissen sie, wer sie sind und was sie können, sie sind zufriedener und ausgeglichener durch das Erlebnis von Freude und Spaß,
- sie sind durch die Erfahrung von Geselligkeit in der Lage, soziale Kontakte aufrechtzuerhalten oder neu zu knüpfen,
- sie erhalten ihre geistige Selbstständigkeit und Unabhängigkeit.

Es empfiehlt sich, das Gedächtnistraining unter ein bestimmtes Thema zu stellen, das die alten Menschen zur aktiven Teilnahme anregt. Dabei kann das Thema z. B.:

- an den früheren Interessen der Senioren anknüpfen (z. B. könnten die Themen „Kräutergarten", „Blumen", „Kartoffeln" für eine Gruppe gewählt werden, die früher gern im Garten gearbeitet hat),
- an der aktuellen Jahreszeit oder den Festen und typischen Gegebenheiten im Kalenderjahr orientiert sein (z. B. „Weihnachten", „Urlaub", „Aprilwetter", „Brot").

Zur Durchführung eines Gedächtnistrainings

Mit einem Lied, einer Geschichte o. Ä. kann man zu einem Gedächtnistraining hinführen. Ein harmonischer Ausklang passend zum Thema sollte ebenfalls Bestandteil einer Gedächtnistrainingsstunde sein.

Die Reihenfolge der eigentlichen Gedächtnisübungen ist beliebig, jedoch sollte bei allen durchzuführenden Übungen darauf geachtet werden, zunächst mit Aufgaben zu beginnen, die leichter zu bewältigen sind und an etwas Bekanntes anknüpfen. Hier einige Beispiele für Übungen, die sich für ein Gedächtnistraining eignen:

1. Sprichwörter und Redewendungen ergänzen

Beispiel:

„Blaue Augen Himmelsstern ..." (küssen und poussieren gern).

2. ABC-Aufgaben

Es werden Buchstaben des Alphabetes ausgewählt. Hierzu soll ein Begriff gefunden werden, vor dem die Vorsilbe eines Wortes steht, das mit dem gewählten Thema in Verbindung steht. Es bleibt der Leiterin überlassen, welche Buchstaben sie wählt und weglässt.

Beispiel:

*Stern***b**ild, *Stern***d**euter, *Stern***f**orscher

3. Anagramm

Die Buchstaben eines Wortes (z. B. Sternenhimmel) werden so umgestellt, dass neue Wörter entstehen. Es müssen nicht jedes Mal alle Buchstaben benutzt werden.

Beispiel (Sternenhimmel):

Stern, Himmel, Heim, Nein, Lernen, Lehm ...

4. Wortgerüst

Ein Wort wird in Blockbuchstaben von oben nach unten geschrieben und etwas entfernt daneben von unten nach oben. Die Lücken dazwischen müssen mit Buchstaben gefüllt werden, sodass zwischen dem ersten und dem letzten Buchstaben in je einer Zeile neue Wörter entstehen.

Beispiel:

S	ehe	**N**
T	raue	**R**
E	idechs	**E**
R	o	**T**
N	as	**S**

5. Zusammengesetzte Hauptwörter

Der letzte Teil eines zusammengesetzten Hauptwortes bildet den Anfang eines neuen zusammengesetzten Hauptwortes. Reihum werden so Wörter gefunden, die aus zwei Hauptwörtern bestehen.

Beispiel:

Sternenhimmel – Himmelstür – Türschloss – Schlosshof – Hofhund.

Denkbar wäre auch, jeweils mithilfe des letzten Buchstabens ein neues Wort zu bilden, wie z. B.:

Ster**n** – **N**as**e** – Ent**e** – **E**i – **I**gel ...

6. Begriffe ergänzen

Zu genannten Begriffen oder gezeigten Gegenständen teilen die Bewohner mit, was ihnen einfällt.

Beispiel:

Stern: Glück, Horoskop, Weihnachten, hell ...

Diese Wörter können dann in einem sich anschließenden Gespräch aufgegriffen werden.

7. Reihumspiel

Den Teilnehmern wird ein Wort genannt und sie sollen Wörter suchen, die mit diesem Wort beginnen oder enden.

Beispiel (Stern):

*Stern*deuter – *Stern*schnuppe – *Stern*taler – *Stern*singer

Polar*stern* – Glücks*stern* – Abend*stern* ...

(vgl. Dunkhorst, 2001, S. 68)

Rätsel, Übungen für die Sinne, Bildbetrachtungen zum Thema u. Ä. bieten sich ebenfalls als Übungen für ein Gedächtnistraining an.

Tipp: Werden Übungen durchgeführt, bei denen einzelne Worte gesucht werden (z. B. bei einem Wortgerüst), hat es sich bewährt, Magnettafeln und -buchstaben einzusetzen, damit ältere Menschen mit motorischen Schwierigkeiten nicht schreiben müssen und Senioren mit Sehbeeinträchtigungen die relativ großen Buchstaben gut erkennen können.

Hinweise zum Gedächtnistraining mit hochbetagten Menschen

1. **Zeigen Sie den Bewohnern die Bedeutung des Gedächtnistrainings auf!**
   Die Leiterin sollte den Senioren als Erstes die Möglichkeiten erläutern, die ein regelmäßiges Gedächtnistraining mit sich bringt (Erhaltung und Förderung der geistigen Fähigkeiten) und vielleicht mit dem bekannten Spruch „Wer rastet – der rostet" versuchen, die alten Menschen für diese Art von Angebot zu begeistern.

2. **Vermitteln Sie den Bewohnern, dass es sich beim Gedächtnistraining nicht um schulisches Lernen handelt!**
   Alle Beteiligten sollten wissen, dass es sich bei diesen Angeboten um Anregungen zum Denken und Mitagieren handelt.
   So steht nicht die richtige Lösung einer Aufgabe allein im Mittelpunkt, sondern das gemeinsame Entwickeln einer Lösung.

3. **Beobachten Sie die Situation, um Konkurrenz- und Leistungsdruck vermeiden zu können!**
   Die Leiterin sollte es als eine ihrer Hauptaufgaben ansehen, Konkurrenzsituationen zu vermeiden. Dazu muss sie die Gesamtsituation ständig beobachten und wenn nötig, einzelne Teilnehmer unterstützen oder auch die Schnelleren etwas bremsen.

4. **Bieten Sie abwechslungsreiche Übungen an!**
   Bei den auszuwählenden Einzelübungen sollten unterschiedliche Fähigkeiten und Fertigkeiten gefordert werden. Zudem kann das Gedächtnistraining durch gelegentliche Bewegungsübungen bereichert werden, da hierdurch die Durchblutung des Gehirns angeregt wird.

5. **Wählen Sie Aufgaben, die an den Interessen der Bewohner anknüpfen!**
   Es ist darauf zu achten, dass die Übungen im Zusammenhang mit dem stehen, was die Bewohner kennen oder woran gerade gearbeitet wurde. So würde es z. B. wenig sinnvoll sein, abstrakte Zahlenkombinationen zu lernen.

6. **Loben und ermuntern Sie die Bewohner immer wieder!**
   Erfolgserlebnisse können durch direktes Lob oder auch durch schriftliches Festhalten der Ergebnisse vermittelt werden. So erfahren die Bewohner, wie gut bzw. wie umfangreich eine Aufgabe gelöst wurde und werden zum weiteren Mitagieren, Denken, Lösungen suchen usw. angespornt.
   (vgl. Dunkhorst, 2001, S. 155–157)

1) Sterne

Hinführung zum Thema

Lied: Weißt du, wie viel Sternlein stehen? (1. Strophe)

In einem abgedunkelten Raum, dekoriert mit Leuchtsternen, kann dieses Lied vorgesungen, vorgespielt oder gemeinsam mit den teilnehmenden Bewohnern gesungen werden. Anschließend kann ein Gespräch über Sterne folgen.

Mögliche Gesprächsimpulse:

- Wenn Sie an Sterne denken, was fällt Ihnen dazu ein?
- Wann haben Sie zuletzt den Sternenhimmel betrachtet?
- Welches Sternzeichen haben Sie? Was verbinden Sie mit Ihrem Sternzeichen?

Hauptteil

1. Sprichwörter und Redewendungen zum Thema „Sterne"

Es wird versucht, folgende Sprichwörter und Redewendungen zu ergänzen:

- „Er möchte ihr die Sterne …" *(vom Himmel holen)*
- „Das steht in den …" *(Sternen geschrieben)*
- „Nach den Sternen …" *(greifen)*
- „Blaue Augen Himmelsstern …" (küssen und poussieren gern)

(vgl. Leitner, 2000, S. 66–68)

2. ABC-Aufgaben

Es werden Buchstaben des Alphabetes ausgewählt. Hierzu soll ein Begriff gefunden werden, vor dem die Vorsilbe „Stern" steht (es bleibt der Leiterin überlassen, welche Buchstaben sie wählt und weglässt!), z. B.: Sternbild, Sterndeuter, Sternforscher.

3. Anagramm

Die Buchstaben eines Wortes (z. B. Sternenhimmel) werden so umgestellt, dass neue Wörter entstehen. Es müssen nicht jedes Mal alle Buchstaben benutzt werden,
z. B.: Stern, Himmel, Heim, Nein, Lernen, Lehm.

4. Wortgerüst

Das Wort „Stern" wird in Blockbuchstaben von oben nach unten geschrieben und etwas entfernt daneben von unten nach oben. Die Lücken dazwischen müssen mit Buchstaben gefüllt werden, sodass zwischen dem ersten Buchstaben und dem letzten Buchstaben in je einer Zeile neue Wörter entstehen:

S	ehe	N
T	raue	R
E	idechs	E
R	o	T
N	as	S

5. Bewegungsübung

Das Luftballonspiel:

Gelbe Luftballons werden mit den einzelnen Buchstaben des Wortes „Sterne", orangefarbene Luftballons mit den Buchstaben des Wortes „Mond" und rote Ballons mit den Buchstaben des Wortes „Sonne" beschriftet. Anschließend werden die Luftballons über den Tisch zugespielt, dann wird versucht, die Wörter zu ordnen. Danach können sie an einer Wäscheleine aufgehängt werden (vgl. Leitner, 2000, S. 71).

6. Kimspiel zum Sehen

Es werden folgende Gegenstände in die Kreismitte gelegt:

Strohstern, Horoskop aus der Zeitung, ein Weihnachtsstern (Pflanze), eine Sternenkette, eine Schüssel mit Sternchennudeln, ein Buch über Astrologie.

Alle Bewohner schauen sich die Gegenstände an, dürfen sie in die Hand nehmen, bei Bedarf dazu etwas erzählen. Dann werden die Gegenstände in die Kreismitte gelegt. Die Bewohner prägen sich das Bild ein und schließen dann die Augen.

Die Leiterin verändert etwas an den Gegenständen. Die Bewohner sollen die Veränderung benennen.

7. Rätsel

- Wer ist einem Stern gefolgt? *(Die heiligen drei Könige aus dem Morgenland zurzeit von Jesu Geburt).*
- Wer beschäftigt sich beruflich mit Sternen? *(Sterndeuter oder Astrologen. Sie versuchen, den Charakter und das Schicksal des Menschen aus der Stellung der Planeten zueinander abzulesen).*
- Wer sind die Sternsinger? *(Am 6. Januar verkleiden sich Kinder als die Heiligen Drei Könige, gehen mit einem Stern von Haus zu Haus und sammeln Spenden für Hilfsbedürftige).*

(vgl. Leitner, 2000, S. 70)

Ruhiger Ausklang

Es können Sterne mithilfe verschiedener Techniken gebastelt werden, z. B.:

- Strohsterne
- Faltsterne aus Transparentpapier
- Sterne mithilfe der Frottagetechnik durchreiben, Sterne eventuell ausschneiden, ein Gemeinschaftsbild erstellen und ein in Sütterlin geschriebenes Sternenlied in die Mitte kleben.

(vgl. Leitner, 2000, S. 69)

Weißt du, wie viel Sternlein stehen? (1. Strophe)

(Volkslied, überliefert)

2) *Farben*

Hinführung zum Thema

Spiel: „Ich sehe was, was du nicht siehst."

Die Leiterin sucht sich unbemerkt einen Gegenstand im Gruppenraum aus, den die Gruppe erraten muss. Sie leitet mit dem Satz ein: „Ich sehe was, was du nicht siehst, und das ist ..." (Farbe des Gegenstandes wird genannt). Alle schauen sich im Raum um und versuchen, die genannte Farbe dem Gegenstand zuzuordnen. Der Spieler, der den Gegenstand gefunden hat, darf sich als Nächster einen farbigen Gegenstand auswählen (mehrere Wiederholungen sind möglich).

Eventuell kann dann noch ein kurzes Gespräch über Farben erfolgen.

Mögliche Gesprächsimpulse:

- Warum haben Sie diesen Gegenstand gewählt?
- Hat der Gegenstand Ihre Lieblingsfarbe?
- Welche Farben gefallen Ihnen gut/welche weniger?

Hauptteil

1. Sprichwörter und Redewendungen zum Thema „Farben"

Es wird versucht, folgende Sprichwörter und Redewendungen zu ergänzen:

- „Er erzählt ihr das ... vom Himmel." *(Blaue)*
- „Wenn ich darüber nachdenke, sehe ich ... ." *(schwarz)*
- „... ist die Hoffnung." *(Grün)*
- „Sie sieht das alles durch eine ... Brille." *(rosarote)*
- „... vor Neid." *(Gelb)*

2. ABC-Aufgaben

Zu verschiedenen Buchstaben des Alphabetes wird jeweils eine Farbe gesucht, wie z. B.

A (Anthrazit), O (Orange), P (Pink), F (Flieder), G (Grün), I (Indigo), K (Karminrot)

3. Rätselfragen

1. Wie bezeichnet man etwas, das vollständig verschwunden ist? Es ist im ... verschwunden. *(schwarzen Loch)*
2. Der leitende, verbindende Grundgedanke wird als ... bezeichnet. *(roter Faden)*
3. Eine Augenkrankheit, die den Sehnerv beschädigt und zur Blindheit führen kann, wenn sie nicht richtig behandelt wird, nennt man ... *(grünen Star)*.
4. Das langgestreckte Nebenmeer des Indischen Ozeans zwischen Afrika und Arabien, das durch den Suezkanal mit dem Mittelmeer verbunden ist heißt: ... *(Rotes Meer)*.
5. Wenn man etwas schriftlich hat, auf das man sich verlassen kann, so hat man es ... (schwarz auf weiß)
6. Eine Krankheit, bei der die Haut, das Weiße im Auge und andere Gewebe eine bestimmte Farbe annehmen, nennt man ... *(Gelbsucht)*.

4. Wortgerüst

Die Lücken zwischen den Buchstaben werden so ausgefüllt, dass neue Wörter entstehen:

S .... B

O L

N .... E

N .... G

E .... N

N .... E

G .... N

E .... N

L .... O

B .... S

5. Worttreppe

Es werden neue Wörter (Farben) gesucht, indem mit dem jeweils letzten Buchstaben ein neues Wort gebildet wird.

ROT – TÜRKIS – ...

6. Bewegungsübungen

- Alle Teilnehmer, die etwas Rotes tragen, klatschen in die Hände.
- Wer etwas Grünes trägt, stampft mit den Füßen auf den Boden.
- Wer etwas Schwarzes trägt, schlägt dreimal auf die Oberschenkel.
- usw.

Ruhiger Ausklang

Es kann z. B. ein Mandala[1] ausgemalt oder einige Minuten nach Musik ein buntes Bild gestaltet werden.

1: Als „Mandala" wird eine Art Bild bezeichnet, das Figuren und Zeichen konzentrisch um eine betonte Mitte herum ordnet.

3) *Tiere*

Hinführung zum Thema

Die Leiterin spielt den Bewohnern auf einer CD verschiedene Tierstimmen vor (z. B. das Miauen einer Katze, das Bellen eines Hundes, das Zwitschern eines Vogels). Die Teilnehmer nennen nach jeder gehörten Stimme das entsprechende Tier.

Gesprächsimpulse für ein mögliches nachfolgendes Gespräch:
- Hatten Sie früher selbst Tiere?
- Können Sie sich noch daran erinnern, ob und welchen Namen Sie Ihren Haustieren gaben? Warum wurde dieser Name gewählt?
- Wer hat sich um die Tiere gekümmert?
- Erinnern Sie sich noch an ein Erlebnis mit einem Haustier?

Hauptteil

1. Sprichwörter und Redewendungen zum Thema „Tiere"

Es wird das fehlende Tier in folgenden Sprichwörtern und Redewendungen gesucht und versucht, die jeweilige Bedeutung zu erklären (hierbei ist die gesamte Gruppe angesprochen, damit sich niemand überfordert fühlt):

- Sehen, wo der ... *(Hase)* lang läuft. *(Jemandem zeigen, wie etwas gemacht wird; damit es zum Erfolg führt.)*
- Da wird der ... *(Hund)* in der Pfanne verrückt. *(Das ist nicht zu fassen!)*
- Mit den ... *(Hühnern)* ins Bett gehen. *(Sehr früh schlafen gehen.)*
- Ein hohes ... *(Tier)* sein. *(Eine hochgestellte Persönlichkeit sein.)*
- Mit jemandem ... *(Pferde)* stehlen können. *(Sich auf jemanden absolut verlassen können.)*
- Die ... *(Katze)* im Sack kaufen. *(Etwas ungeprüft übernehmen.)*

2. ABC-Aufgaben

Zu verschiedenen Buchstaben des Alphabetes wird jeweils ein Tier gesucht, wie z. B.
A (Ameise), **B** (Bär), **C** (Chamäleon), **D** (Dachs), **E** (Ente), **F** (Fuchs), **G** (Giraffe) ...

3. Kimspiel zum Tasten

Alle Bewohner schließen die Augen. Die Leiterin gibt ein Lammfell o. Ä. herum und lässt es befühlen. Dann legt sie es zur Seite. Wer weiß, welchem Tier dieses Fell zuzuordnen ist?

4. Wortgerüst

Die Lücken zwischen den Buchstaben werden so ausgefüllt, dass neue Wörter entstehen:

T .... E
I .... R
E .... E
R I
E .... T

5. Rätsel
- Wie nennt man junge Wildschweine? *(Frischlinge)*
- Was ist ein Schimmel? *(Ein weißes Pferd)*
- Wie heißt die männliche Biene? *(Drohne)*
- Auf welchem Tier ritt Maria mit dem Jesuskind? *(Esel)*
- Wie heißt die männliche Ente? *(Erpel)*
- Kennen Sie den Namen der Ohren des Hasen? *(Löffel)*
- Wie heißt das weibliche Schwein? *(Sau)*

Ruhiger Ausklang

Jeder Bewohner erhält ein Bild, auf dem sich viele verschiedene Tiere befinden (siehe Kopiervorlage, nächste Seite). Die Bewohner erzählen, was ihnen dazu einfällt.

Bild 1

Bild 2

Bild 3

Bild 4

Bild 5

Bild 6

Bild 7

Bild 8

4) Kräuter

Hinführung zum Thema

Die Leiterin zeigt den Bewohnern einen Topf mit Kräutern (z. B. Kresse).

Gesprächsanregungen:

- Welche Kräuter haben Sie früher im Garten oder auch in der Natur gesammelt?
- Welche Kräuter haben Sie zum Würzen von Speisen benutzt?
- Haben Sie auch Kräutertee gekocht?

Hauptteil

1. Rätsel

- Es ist grün, sieht aus wie Gras und schmeckt beinahe so wie eine Zwiebel. *(Schnittlauch)*
- Dieses Kraut beruhigt und wird häufig als Tee getrunken. *(Baldrian)*
- Welche Gewürzpflanze hat sieben Häute? *(Zwiebel)*
- Welche Kräuter helfen bei Husten? *(Thymian, Huflattich, Zwiebelsaft)*
- Welches Kraut hilft gegen Halsschmerzen? *(Salbei)*
- Es sieht aus wie eine Blume und hilft bei Erkältungskrankheiten, Übelkeit und Erbrechen. *(Kamille)*

2. Kräuter-ABC

Arnika – **B**asilikum – **C**urry – **D**ill – **E**stragon – **F**enchel ...

3. Anagramm

Die Buchstaben des Wortes KRÄUTERBEET werden so umgestellt, dass neue Wörter entstehen, wie z. B.: Räuber, Kette, Ute, Bert, Tee, Retter ...

4. Geruchs-Kim

Verschiedenen stark riechenden Kräutern in Aufbewahrungsdosen werden die richtigen Namen zugeordnet.

5. Sprichwörter und Redewendungen

Welche Bedeutung haben folgende Sprichwörter und Redewendungen?

- Ein Kräutchen Rührmichnichtan *(Jemand, der überempfindlich ist.)*
- Kraut und Rüben. *(ein großes Durcheinander.)*
- Dagegen ist kein Kraut gewachsen. *(Es ist aussichtslos.)*
- Sich in die Nesseln setzen. *(Sich mit etwas Unannehmlichkeiten bereiten.)*
- Jemand soll hingehen, wo der Pfeffer wächst. *(Jemand ist nicht erwünscht, soll verschwinden)*

1. Finger- und Handübungen

Kräuter schneiden zur Herstellung von Kräuteressig oder Kräuterquark, Kräutersamen einsäen und gießen (z. B. Kressesamen) *(vgl. Leitner, 2000, S. 46 ff.)*

Ruhiger Ausklang

Gemeinsam kann der selbst hergestellte Kräuterquark mit Brot verzehrt werden.

5) *Eis*

Hinführung zum Thema

Die Teilnehmer erraten das Thema der Gedächtnistrainingsstunde mithilfe des Teekesselchen-Spiels:
Jemand sagt: „Mein Teekesselchen schmeckt gut, und das besonders im Sommer."
Ein anderer sagt: „Mein Teekesselchen ist besonders im Winter zu sehen, die Kinder lieben es, sich darauf zu bewegen."

Lösung:
Einmal ist das Speiseeis und dann das gefrorene Eis in der Natur (hier der zugefrorene See) gemeint.

Hauptteil

1. Sprichwörter und Redewendungen zum Thema „Eis"
Es werden zu folgenden Bedeutungen passende Sprichwörter gesucht oder auch zu den Sprichwörtern die jeweiligen Bedeutungen. Die Leiterin teilt den Bewohnern bei der ersten Variante mit, dass nur Sprichwörter gesucht werden, in denen das Wort „Eis" vorkommt:

- Anfangsschwierigkeiten beseitigen. *(Das Eis brechen.)*
- Etwas wird vorläufig nicht weiterbearbeitet. *(Etwas wird auf Eis gelegt.)*
- Ein schwieriges Problem lösen. *(Die Kuh vom Eis kriegen.)*
- Jemanden durch verfängliche Fragen o. Ä. überlisten. *(Jemanden aufs Glatteis führen.)*
- Wenn es jemandem zu gut geht wird er übermütig und bringt sich in Gefahr *(Wenn's dem Esel zu wohl wird, geht er aufs Eis)*.

2. ABC-Aufgaben
Es werden Eissorten mit verschiedenen Buchstaben des Alphabets gesucht, wie z. B.:
Ananas-**B**anane-**C**appucino-**E**ngelblau-**K**okos-**P**fefferminz-**S**tracciatella-**Z**imt

3. Bilderrätsel
Zusammengesetzte Hauptwörter werden durch Bilder und Symbole dargestellt (siehe Abb. auf der folgenden Seite). Es gilt nun, die Bilder und deren Bedeutung zusammenzufügen, um das gesuchte Wort zu erhalten:

Lösungen: Schokoladeneis – Eisbergsalat – Eismann – Erdbeereis – Eiswaffel

4. Worte mit der Silbe „Eis"
Es werden Begriffe gesucht, die mit der Silbe „Eis" beginnen, wie z. B.:
Eisbär, **Eis**mann, **Eis**diele, **Eis**café, **Eis**prinzessin, **Eis**creme, **Eis**berg, **Eis**zeit, **Eis**würfel, **Eis**regen, **Eis**bergsalat, **Eis**laufbahn

5. Finger- und Handübungen
Aus großen Eispackungen darf jeder Bewohner zwei oder drei Eiskugeln mit einem Eisportionierer auf seinen Dessertteller geben.

Ruhiger Ausklang

Gemeinsam wird das Eis gegessen, dabei wird ein Gespräch geführt.

Mögliche Gesprächsimpulse:

- Haben Sie früher oft im Sommer Eiscafés besucht?
- Welche Eissorten mochten Sie am liebsten? Hat sich Ihr Geschmack bis heute verändert?
- Haben Sie auch schon einmal Eis hergestellt?
- Erinnern Sie sich noch an ein Erlebnis in einem Eiscafé?
- Waren Sie früher eislaufen?
- Hatten Sie eigene Schlittschuhe?
- Hat Ihnen das Eislaufen Spaß gemacht?
- Wer hat Sie damals begleitet?

1.  + n + 

2.  +  + 

3.  + s + 

4.  + 

+ 

5.  + 

6) *Kartoffeln*

Hinführung zum Thema
Der obere Pflanzenteil einer Kartoffelpflanze steht in einer Vase. Die Leiterin lässt die Bewohner Vermutungen über den unteren Teil der Pflanze anstellen.

Mögliche Gesprächsimpulse:
- Haben Sie früher auch Kartoffeln geerntet? Wo war das?
- Wie haben Sie die Kartoffeln eingelagert? Was musste beachtet werden?
- Welche Kartoffelgerichte essen Sie gerne?

Hauptteil
1. Sprichwörter und Redensarten
Folgende Sprichwörter werden ergänzt, eventuell wird deren Bedeutung genannt:
- Rein in die Kartoffeln, ... *(raus aus den Kartoffeln)*/(Einmal muss laut Anordnung das eine getan werden, dann wieder genau das Gegenteil.)
- Die dümmsten Bauern ... *(haben die dicksten Kartoffeln)*/(Jemand ist ohne Mühe und eigenes Dazutun erfolgreich.)
- Jemanden fallen lassen wie ... *(eine heiße Kartoffel)*/(Jemanden ganz abrupt nicht mehr unterstützen, sich abrupt von ihm trennen.)

2. Anagramm
Die Buchstaben des Wortes KARTOFFELFELD werden so umgestellt, dass neue Wörter entstehen, wie z. B.: Karte, Art, oft, Affe, Fell, dort, Dorf ...

3. Wortsammlung mit der Vorsilbe „Kartoffel"
Kartoffelbrei, **Kartoffel**mehl, **Kartoffel**salat, **Kartoffel**gericht, **Kartoffel**suppe, **Kartoffel**ferien, ...

4. Fragerunde
- Welche anderen Begriffe kennen Sie für das Wort „Kartoffel"? *(Erdapfel, Grundbirne)*
- Warum müssen die grünen Stellen der Kartoffel abgeschnitten werden? *(Sie sind giftig.)*
- Was versteht man unter einem „Bratkartoffelverhältnis"? *(Eine lose Liebesbeziehung. Der Begriff entstand wahrscheinlich im Ersten Weltkrieg und bezeichnete Zweckbeziehungen, bei denen es Männern mehr um die Versorgung durch Essen als um Liebe ging.)*
- Welche Namen für Kartoffelsorten kennen Sie? *(Sieglinde, Grata, Hansa ...)*
- Bei welcher Krankheit kann man die Kartoffel zur Linderung einsetzen? *(Halsschmerzen: Gekochte Kartoffeln werden zerdrückt, in ein Tuch gewickelt und um den Hals gelegt.)*

5. Wortgerüst
Die Lücken zwischen den Buchstaben werden so ausgefüllt, dass neue Wörter entstehen:

K L	T .... F	F .... R
A .... E	O .... O	E .... A
R .... F	F .... T	L .... K

6. Finger-, Hand- und/oder Bewegungsübungen
- Kartoffeln schälen und klein schneiden zur Vorbereitung eines Eintopfes,
- Pellkartoffeln abziehen für einen Kartoffelsalat oder ein Gericht mit Pellkartoffeln (z. B. Pellkartoffeln mit Kräuterquark),
- Kartoffeln reiben für Reibepfannkuchen.
- Jeder Bewohner erhält einen Esslöffel: Im Kreis wird mithilfe dieses Löffels eine Kartoffel herumgereicht, ohne dass sie herunterfällt.

(vgl. Leitner, 2000, S. 60 ff.)

Ruhiger Ausklang
Geschichte von der Entdeckung der Kartoffel (Informationen finden Sie im Internet.)

7) Licht und Kerzen

Hinführung zum Thema

In der Mitte befinden sich verschiedenfarbige Kerzen in durchsichtigen Gläsern. Jeder Bewohner darf sich ein Kerzenglas nehmen, die Kerze selbstständig oder mit Hilfestellung der Betreuerin anzünden und an seinem Platz während der Stunde stehen lassen.
(So kann gleich zu Beginn eine stimmungsvolle Atmosphäre geschaffen werden.)

Mögliche Gesprächsimpulse:

- Woran denken Sie, wenn Sie die vielen Kerzen sehen?
- Wann haben Sie das letzte Mal eine Kerze angezündet?
- Zu welchen verschiedenen Anlässen haben Sie früher Kerzen angezündet?
- Welche unterschiedlichen Kerzen kennen Sie? (z. B. Teelichter, Bienenwachskerze, Taufkerze, Osterkerze ...)

Hauptteil

1. Wortsammlung: Wörter, die mit „Kerze" beginnen oder enden

Es werden Wörter gesucht, die mit dem Wort „Kerze" beginnen oder enden:
Kerzenlicht, **Kerzen**schein, **Kerzen**wachs, **Kerzen**halter ...
Tauf**kerze**, Opfer**kerze**, Oster**kerze**, Bienenwachs**kerze**, Duft**kerze**...

2. Sprichwörter und Redensarten

Die Bedeutung folgender Sprichwörter und Redensarten wird gesucht:

- Wo viel Licht ist, ist auch viel Schatten. *(Wo es viel Positives gibt, ist auch viel Negatives zu entdecken.)*
- Sein Licht nicht unter den Scheffel stellen. *(Seine Fähigkeiten nicht aus Bescheidenheit verbergen.)*
- Grünes Licht geben. *(Die Genehmigung für etwas erteilen.)*
- Jemandem geht ein Licht auf, er hat eine Erleuchtung. *(Jemand versteht plötzlich etwas.)*
- Etwas ans Licht bringen. *(Eine undurchsichtige Angelegenheit aufklären.)*
- Jemanden hinters Licht führen. *(Jemanden täuschen.)*
- Das Licht der Welt erblicken. *(Geboren werden.)*

3. Anagramm

Die Buchstaben des Wortes KERZENSCHEIN werden so umgestellt, dass neue Wörter entstehen, wie z. B.: Herz, Schein, Erz, See, Schnee, zensieren, Rhein ...

4. Worttreppe

Es werden neue Wörter gesucht, indem mit dem jeweils letzten Buchstaben ein neues Wort gebildet wird:
Kerzen**schein**, **Schein**werferlicht, **Licht**ertanz, **Tanz**schule ...

5. Fragerunde

- Wissen Sie, woraus Kerzen hergestellt werden? *(Aus Paraffin und Stearin, Talg oder Wachs. Ein geflochtener Baumwolldocht durchzieht die Kerze.)*
- Was für eine Bedeutung hat „Lichtmess"? *(Am Tag „Maria Lichtmess", dem 2. Februar, weiht der Pfarrer die Kerzen und gleichzeitig wird der Kerzenbedarf für das Jahr eingekauft.)*
- Warum kann das Licht einer Kerze mit einem Kerzenlöscher gelöscht werden? *(Er entzieht dem Feuer den Sauerstoff.)*

6. Bewegungsübung

Das Kerzenglas wird in die Hand genommen (vorher überprüfen, ob es nicht zu heiß geworden ist!). Zu ruhiger besinnlicher Musik in dem abgedunkelten Raum wird es langsam hin und her bewegt.

Ruhiger Ausklang

Es kann gemeinsam ein Lied, das zur Adventszeit passt, gesungen werden.
(vgl. Leitner, 2000, S. 72 ff.)

2 Feste und Feiern

2.1 Karneval

8) *Planung „Unsere Seniorenresidenz – wie sie singt und lacht"*
9) *Anleitung „Papierblume zum Anstecken"*
10) *Anleitung „Tischkarte"*
11) *Lied „Am Rosenmontag bin ich geboren"*
12) *Anleitung „Girlande"*
13) *Lied „Keinen Tropfen im Becher mehr"*
14) *Lied „Auf de schwäbsche Eisebahne"*
15) *Lied „Beim Kronenwirt"*
16) *Lied „Am Aschermittwoch ist alles vorbei"*

2.2 Geburtstag

17) *Planung „Wir kommen all' und gratulieren "*
18) *Glückwunschplakat*
19) *Blumenlichtchen*
20) *Blumen- und Herzserviette*
21) *Lied „Hoch sollst du leben"*
22) *Lied „Viel Glück und viel Segen"*
23) *Lied „Zum Geburtstag viel Glück"*

2.3 Herbst

24) *Planung „Herbstfest"*
25) *Lied „Alle gute Gabe"*
26) *Lied „He, ho! Spann den Wagen an!"*
27) *Lied „Herbst (Bunt sind schon die Wälder)"*
28) *Herr von Ribbeck auf Ribbeck*

2.4 Nikolaus

29) *Planung „Apfel, Nüss' und Mandelkern"*
30) *Tischkarte aus Jute*
31) *Tischset mit Weihnachtsmotiven*
32) *Lied zum Ausschneiden und Aufkleben „Lasst uns froh und munter sein"*
33) *Serviettentechnik „Nikolausstiefel"*
34) *Serviettentechnik „Tannenbaum"*

Feste und Feiern mit älteren Menschen zu begehen kann viele positive Auswirkungen auf deren Persönlichkeit haben:

- Werden Angehörige eingeladen, kann gemeinsam Freude erlebt werden.
- Zeitweilig können die Bewohner belastende Situationen vergessen, über die sie viel nachgrübeln, indem sie durch das Beisammensein mit Gleichgesinnten abgelenkt werden.
- Die älteren Menschen werden aus ihrer Einsamkeit und Isolation herausgeholt, da sich im Rahmen von Festen und Feiern soziale Kontakte zwangsläufig ergeben.
- Durch körperlichen Einsatz, z. B. beim Schunkeln oder Tanzen, wird die gesamte Motorik angeregt.

(vgl. Dunkhorst, 2001, S. 223 f.)

Damit ein Fest oder eine Feier mit Senioren gelingen kann, bedarf es der frühzeitigen Planung und gut durchdachten Organisation. Altenpflegerinnen oder in der Altenhilfe tätige Sozialpädagogen u. a. orientieren sich hierbei häufig an Planungsrastern wie die folgende Planungshilfe, die Evelyn Klütsch in ihrem Buch „Feste und Feiern" vorstellt:

Planungshilfen für die Fest- und Feiergestaltung

- **Aufgabe/Thema/Motto**
  Wie lautet das gestellte Thema oder die Aufgabe, wird ein Motto gewählt?
- **Mit wem wird das Fest gefeiert?**
  Welcher Personenkreis, welche Zielgruppe soll angesprochen werden?
- **Wer gestaltet das Fest?**
  (ein Veranstalter, Arbeitsgruppen, die Feiernden selbst)
- **Wo und wann wird das Fest durchgeführt?**
  Ortsfestlegung mit Ausweichmöglichkeit
- **Warum wird das Fest gefeiert?**
  Inhaltsvermittlung (kirchlich/historisch), Zielsetzung sozialer oder kultureller Art
- **Gesamtablauf**
  Festlegung des groben Ablaufes
- **Programm**
  Ablauf dessen, was den Feiernden vorgeführt werden soll, Einzelplanung
- **Zeitplan**
  Zeitliche Strukturierung der Einzelschritte (wichtig: flexible Planung!)
- **Organisatorische Aufgaben**
  Dekoration, Bestuhlung, Musik usw. – ausgesucht nach Anlass, Umgebung, Zielgruppe
- **Was und wie viel wird gebraucht?**
  Material, Hilfsmittel, Werkzeug
  (Damit wird die Menge und die Art der benötigten Dinge festgehalten.
  Diese Liste ist gleichzeitig Einkaufs- und Beschaffungsliste).
- **Kostenrechnung**
  Eine einfache Kostenrechnung, die vor dem Fest erkennen lässt, welche Kosten zu erwarten sind.

(vgl. Klütsch, 1991, S. 33)

2.1 Karneval

8) *Planung „Unsere Seniorenresidenz – wie sie singt und lacht"*

Mögliche Programmpunkte

- Verteilen von Karnevalshütchen oder Papierblumen zum Anstecken beim Betreten des Speisesaals
- Begrüßung
- Polonaise durch den Raum (ggf. auch Nebenräume oder Flur einbeziehen)
- Kaffeetrinken (es wird Schmalzgebackenes, z. B. Krapfen und Berliner, angeboten)
- Vorführung von Tänzen durch die Funkenmariechen des Karnevalvereins
- Büttenreden einiger Mitarbeiter der Seniorenresidenz
- Sitztanz
- zum Ausklang: Liederrunde mit bekannten Stimmungsliedern

Organisatorische Aufgaben

Bestuhlung:

Hier eignet sich die sogenannte „U-Form" am besten, so können die Senioren gut um die Tische herum die Polonaise durchführen und während der Vorführungen können alle die Darbietungen sehen.

Dekoration:

Einfarbig bunte Tischdecke mit ausgeblasenen Luftschlangen verziert, bunte Servietten mit Karnevalsmotiven, Schälchen mit Knabbereien, Tischkarten mit Clownsmotiv, Deckengirlanden.

Gebrauchsmaterial- und Einkaufsliste

- Karnevalshütchen
- mehrere Farben Seidenpapier für die Papierblumen, Scheren, Klebstoff, Garn
- einfarbig bunte Tischdecken
- bunte Servietten mit Karnevalsmotiven
- Luftschlangen
- mehrere 10–15 cm breite Krepppapierbänder zum Gestalten von Girlanden
- Tonpapier zur Gestaltung von Tischkarten (für jede Karte wird ein Stück Tonpapier in der Größe 9 x 12 cm benötigt), Scheren, Buntstifte
- CD mit Karnevalsmusik
- mehrere Schälchen für die Knabbereien
- Knabbereien wie Käsestangen, ungesalzene Erdnüsse usw.
- Krapfen und Berliner
- Kaffeegeschirr und Besteck
- Kaffeekannen, Milchkännchen
- Zuckerdosen, Süßstoff
- Kopien bekannter Stimmungslieder in Großschrift

9) *Anleitung „Papierblume zum Anstecken"*

Material: zwei verschiedene Farben Seidenpapier (jeweils ca. 12 x 12 cm für die Blüte, ein kleiner Rest für die Blütenkugel), Garn

- Zwei Lagen Seidenpapier werden übereinandergelegt, eine Kreisschablone in gewünschter Größe aufgelegt und die Kreise zusammen ausgeschnitten.
- Die Kreise werden längs und quer jeweils einmal zur Mitte gebogen, anschließend wird die Ecke eingedreht und mit Garn zusammengebunden.
- Man formt eine kleine Kugel aus hellem Papier und klebt sie in die Blütenmitte.

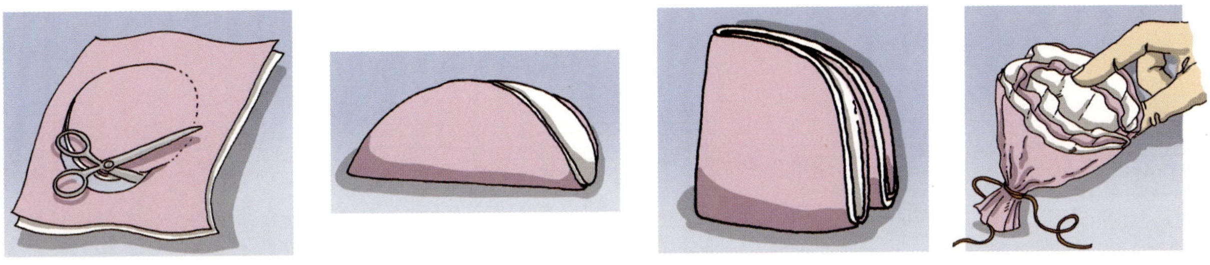

10) *Anleitung „Tischkarte"*

Material: weißes oder hellgelbes Tonpapier (jeweils 9 x 12 cm, Kopiervorlage), Cuttermesser, Stifte

- Die benötigten Tischkarten werden mithilfe der Vorlage aufgemalt und ausgeschnitten.
- Das Clownmotiv wird ausgemalt.
- Das Tonpapier wird in der Mitte gefaltet.
- Der Teil des Clownmotivs, der sich im oberen Teil befindet, wird mit einem Cuttermesser o. Ä. angeschnitten.
- Die Karte wird mit Namen versehen.

11) *Lied „Am Rosenmontag bin ich geboren"*

(Text: Franz Rüger, Musik: Charly Niessen, Rechte: Johann Michel Musikverlag, Frankfurt/Main)

1. Meim Vater sein Wahlspruch war Spaß an der Freud'
Und gestern war gestern und heute ist heut.
Und dann hat er um meine Mutter gefreit,
was daraus geworn ist, steht vor euch, ihr Leut.

2. Und sollte ein Mann eines Tags um mich frein,
dann darf es vor allem kein Trauerkloß sein.
Wir brauchen kein Reichtum, wir brauchen kein Geld
Und feiern wir Fassnacht gehört uns die Welt.

Refrain: Am Rosenmontag bin ich geboren
Am Rosenmontag im Mainz am Rhein.
Bis Aschermittwoch bin ich verloren,
denn Rosenmontagskinder müssen närrisch sein.

12) Anleitung „Girlande"

Material: Krepppapierrollen

- Zwei 10–15 cm breite und recht lange Krepppapierstreifen werden übereinandergelegt und an den Enden jeweils zusammengeklebt.
- Man schneidet sie von beiden Seiten im Abstand von 1 cm ca. 4 cm tief ein und dreht sie beim Aufhängen spiralförmig.

13) *Keinen Tropfen im Becher mehr* *(Volkslied, überliefert)*

2. Angekreidet wird hier nicht, weil's an Kreide uns gebricht, lacht die Wirtin heiter. Hast du keinen Heller mehr, gib zum Pfand dein Ränzel her/: aber trinke nur weiter! :/

3. Tauscht der Bursch sein Ränzel ein gegen einen Krug voll Wein, tät zum Gehen sich wenden. Spricht die Wirtin: Junges Blut, hast ja Mantel, Stab und Hut,/: trink und lasse dich pfänden. :/

4. Da vertrank der Wanderknab Mantel, Hut und Wanderstab, sprach betrübt: Ich scheide. Fahre wohl du kühler Trank, Lindenwirtin jung und schlank/: schönste Augenweide. :/

5. Spricht zu ihm das schöne Weib: Hast ja noch ein Herz im Leib, lass es hier zum Pfande! Was geschah, ich tu's euch kund: auf der Wirtin rotem Mund/: heiß ein anderer brannte. :/

6. Der dies neue Lied erdacht, sang's in einer Sommernacht lustig in den Winde. Vor ihm stand ein volles Glas, neben ihm Frau Wirtin saß/: unter der blühenden Linde. :/

14) *Auf de schwäbsche Eisebahne* *(Volkslied, überliefert)*

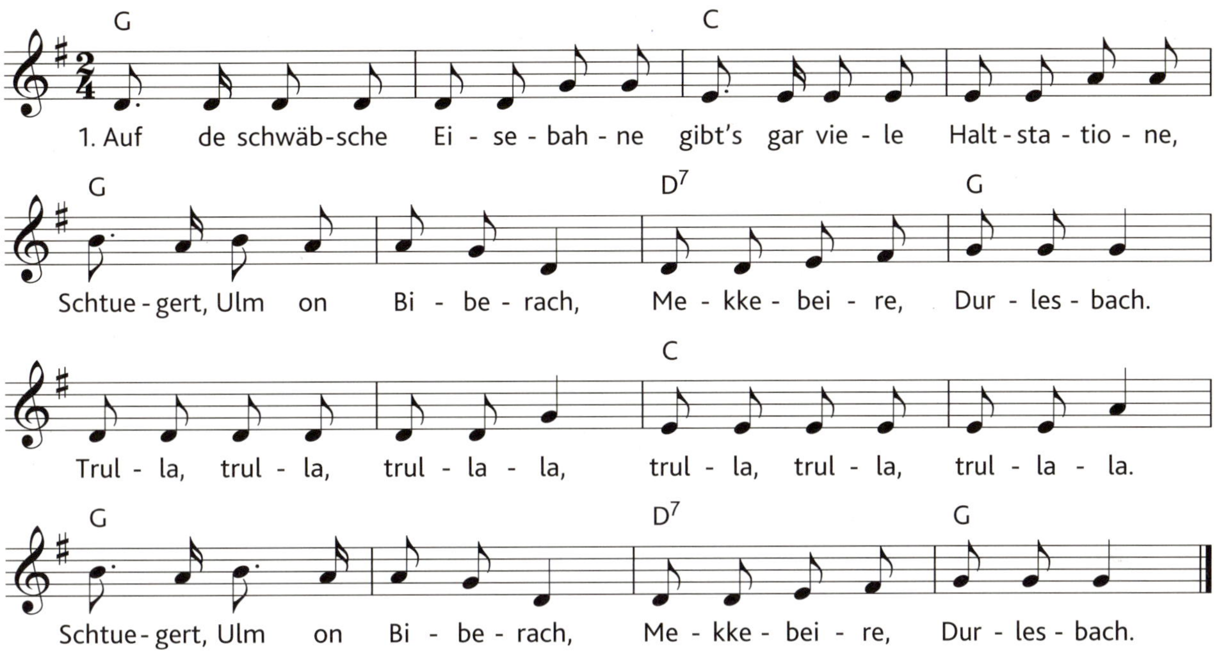

2. Auf de schwäbsche Eisebahne, gibts auch viele Raststatione, wo mer ess' und trinke ka', alles, was de Mage ma'. Trulla, trulla, trullala ...

3. Auf de schwäbsche Eisebahne bracht ma keine Postillione. Was uns sonst das Posthorn blies, pfeifet jetzt die Lokomotiv.
Trulla, trulla, trullala ...

4. Auf de schwäbsche Eisebahne dürfet Küh und Ochse fahre, alles, was nur fahre kann, fahrt jetzt auf der Eisebahn. Trulla, trulla, trullala ...

5. Wenn e Glöckle tuet erklinge, dänn glei alle z'samme springe. Alles, was e Karte hot, möcht jetzt mit dem Bahnzug fort.
Trulla, trulla, trullala ...

6. Männer, die im G'sicht ganz bärtig, schreiet laut: „Jetzt ischt es fertig!" Springet in die Wage nei, machet Löchl in d' Karte nei.
Trulla, trulla, trullala ...

7. Auf de schwäbsche Eisebahne wollt emoi e Beierle fahre, got an d' Kasse, lupft de Huet: „E Billetle, send so guet!"
Trulla, trulla, trullala ...

8. Einen Bock hat er sich kaufet, und dass er ihm net verlaufet, bindet ihn der guete Ma hinte an de Wage na. Trulla, trulla, trullala ...

9. „Böckle, tue nu woldle springe, z'fresse werd i dir schon bringe." Setzt sich zu seim Weible na und brennts Tabakpfeifle a.
Trulla, trulla, trullala ...

10. Auf der nächste Statione, wo er will sein Böckle hole, findt er bloß no Kopf und Soil an dem hintre Wagedoil.
Trulla, trulla, trullala ...

11. Do kriegt er en große Zore, nimmt de Goißbock bei de Hore, schmeißt en, was er schmeiße ka, dem Kondukteur an Schädel na.
Trulla, trulla, trullala ...

12. „So, du kascht de Schade zahle, warum bischt so schnell gefahre! Du allein bischt Schuld dara, dass i d'Goiß verlaura ha!"
Trulla, trulla, trullala ...

13. Des isch des Lied vom selle Baure, der sei Goißbock hat verlaure, de Goißbock nimmt a traurig End, dem Kondukteur de Schädel brennt.
Trulla, trulla, trullala ...

14. So, jetzt wär des Liedle g'songe, hot's euch re-acht in d' Aure klonge, stoßet mit de Gläser an, auf's Wohl der schwäbsche Eisebahn.
Trulla, trulla, trullala ...

15) *Beim Kronenwirt* (Volkslied, überliefert)

2. Dort oben beim Pfarr' ist dem Krischan sein Platz,
und rot wie der Mohn glüht der Mirzl sein Schatz.
Und er schaut nach der Uhr, und es ist erst halb vier,
und bis sieben bleiben die Hochzeiter hier.
Heididel hahahaha, heididel
hahahaha, heididel hahahaha, heideldö!

3. Die Musik, die bläst jetzt auf einmal 'nen Tusch, und
die Brautleut sein verschwunden, husch, husch.
Und die Madel, die gucken verlegen und dumm, und mit
Jauchzen, da schwenken die Buben sie rum.
Heididel hahahaha, heididel
hahahaha, heididel hahahaha, heideldö!

4. Der Michel, der blast und der Kronenwirt lacht, und
der Mond scheint so hell und so klar ist die Nacht. Und vom Tanz
dröhnt das Dorf und das uralte Haus, und dem Krischan geht längst
schon das Lämple aus.
Heididel hahahaha, heididel
hahahaha, heididel hahahaha, heideldö!

16) *Am Aschermittag ist alles vorbei*

(Musik: Jupp Schmitz, Text: Hans Jonen, Rechte: Musikverlag Jupp Schmitz, Bergisch Gladbach)

2. Adam und Eva im Paradies fanden verbotene Früchte süß,
und sie probierten auf jeden Fall: Noch einmal! Noch einmal!
Weil der App'tit kam erst hinterher, war auf dem Baum bald kein Apfel mehr.
Da Karneval war im Paradies, flüsterte Eva ganz süß:

Refrain: Am Aschermittwoch ist alles vorbei.
Die Schwüre von Treue – sie brechen entzwei,
Von all deinen Küssen darf ich nichts mehr wissen.
Wie schön es auch sei, dann ist alles vorbei.

3. Töchter der Eva, sie leben heut' auch noch bei uns, wie in alter Zeit,
jeder tanzt gern aus der Reihe mal: Karneval! Karneval!
Hält sie die Lippen das ganze Jahr immer zum Kuss nur dem einen dar,
heut' küsst sie lachend auch dich, den schau, sie weiß wie du ganz genau

Refrain: Am Aschermittwoch …

2.2 Geburtstag

17) Planung „Wir kommen all' und gratulieren"

Mögliche Programmpunkte:

- Begrüßungsumtrunk zum Empfang (das „Geburtstagskind" begrüßt selbst und nimmt Glückwünsche entgegen)
- Kaffeetrinken (entsprechend der Wünsche des „Geburtstagskindes" wird Kuchen, Kaffee, Tee usw. gereicht)
- Gratulation durch die Heimleitung und die Mitarbeiter
- Überreichen des Geburtstagsgeschenkes durch einen Gast bzw. die Gäste
- Geburtstagskanon „Viel Glück und viel Segen" (Ständchen der Gäste für das Geburtstagskind)
- Spaziergang mit Kleeblattsuche (vierblättrige Kleeblätter, die in einem Buch gepresst werden und zum Andenken an die Feier auf ein Glückwunschplakat geklebt werden)
- Gemütliches Beisammensein: Es werden z. B. Gedichte vorgetragen, weitere Geburtstagslieder gesungen, Tanzspiele durchgeführt o. Ä. (entsprechend der Wünsche des „Geburtstagskindes")
- Ausklang: gemeinsames Abendessen

(vgl. Klütsch, 1995, S. 46 ff.)

Organisatorische Aufgaben

Bestuhlung:

Hier eignet sich eine lange Tafel am besten.

Dekoration:

Servietten als Herzen oder Blumen zugeschnitten, Blumenlichtchen mit Teelichtern, kleine Blumensträußchen, Glückwunschplakat hängt an der Tür, auf diesem können sich die Gratulanten eintragen.

Gebrauchsmaterial- und Einkaufsliste

- dreilagige farbige Servietten
- Tonpapier oder Wachspapier für die Blumenlichtchen
- Teelichter
- fester Karton zum Übertragen der Schablonen
- Bleistifte und Scheren
- kleine Blumenvasen
- kleine Blumensträuße
- mehrere Kuchen
- Kaffeegeschirr und Besteck
- Kaffeekannen, Milchkännchen
- Zuckerdosen, Süßstoff
- Sektgläser
- Kopien einiger Geburtstagslieder in Großschrift
- farbiges Plakat
- Tonpapierreste zur Gestaltung des Plakates
- Klebstoff

18) *Glückwunschplakat*

Material: ½ Bogen Plakatkarton, Tonpapierreste, Scheren, Klebstoff, ein DIN-A4-Bogen, Bleistifte

Einige Tage vor der Geburtstagsfeier gestalten Mitbewohner, die an der Feier teilnehmen, ein Plakat, auf dem sich alle Gratulanten eintragen können. Dazu wird ein DIN-A4-Bogen in die Mitte des Kartons geklebt und ein Teil der restlichen Fläche mit einfachen ausgeschnittenen Blumen, Herzen o. Ä. verziert.
Dieses Plakat wird aufgehängt. Glückwunschkarten, die mit der Post gekommen sind, können hier ebenfalls aufgeklebt werden.
(vgl. Dunkhorst, 2001, S. 222)

19) *Blumenlichtchen*

Material: Ton- oder Wachspapier, Blumenschablone, Bleistift, Schere, Teelichter

Der Umriss der Blumenschablone wird entsprechend der gewünschten Anzahl auf Ton- oder Wachspapier übertragen und ausgeschnitten. Dann wird die Blüte folgendermaßen gefaltet:

- die jeweils zwei gegenüberliegenden Blütenblätter werden zur Hälfte gefaltet,
- diese werden nach dem Faltvorgang wieder aufgeklappt,
- dann werden zwei nebeneinanderliegende Blütenblätter bis zu den Einschnitten der nächsten Blüten hochgefaltet,
- diese werden ebenfalls nach jedem Faltvorgang aufgeklappt,
- zum Schluss werden die einzelnen Blütenblätter mit Pinzettengriff in der Mitte nochmals gut zusammengepresst, damit sie hochstehen.
- Jetzt fehlt nur noch das Teelicht, das in die Mitte gestellt wird.

(vgl. Schuster, 1998, S. 20)

20) *Blumen- und Herzchenserviette*

Material: Blumen- oder Herzschablone, Servietten (dreilagig, 33 x 33 cm), Bleistift, Schere

- Die Serviette wird so gelegt, dass alle offenen Kanten oben und rechts sind.
- Man faltet die linke obere Ecke zur rechten unteren Ecke, sodass ein Dreieck entsteht.
- Die Schablone wird aufgelegt und der obere Bogen bzw. die beiden Bögen mit dem Bleistift umrandet und dann ausgeschnitten.
- Die Serviette kann so auf das Gedeck gelegt werden oder auseinandergefaltet und als Platzdeckchen verwendet werden.

(vgl. Schuster, S. 21)

21) *Hoch sollst du leben* *(Volkslied, überliefert)*

22) *Viel Glück und viel Segen* *(Texte und Melodie: Werner Gneist, Rechte: Bärenreiter Verlag, Kassel)*

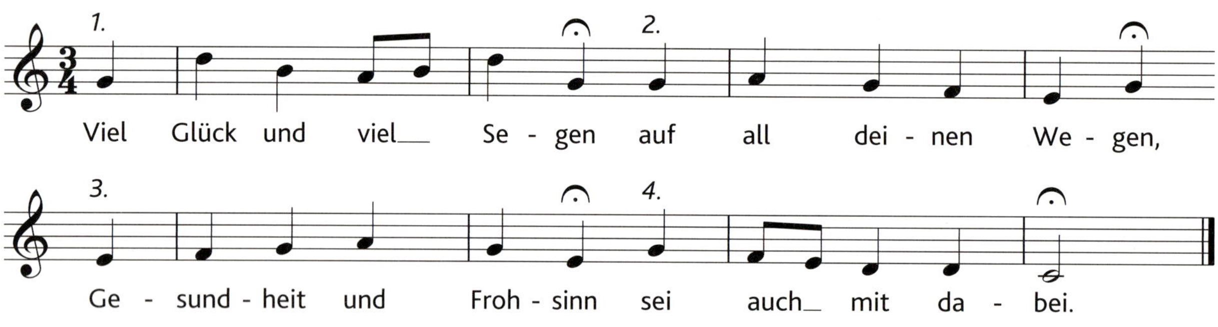

23) *Zum Geburtstag viel Glück! (Happy Birthday)*

(Amerikanisches Geburtstagslied, dt. Text: Egon Louis Frauenberger, Melodie: Mildred J. Hill, Rechte: Edition Effel Music Maria Magdalena Frauenberger, Haar)

1: *Hier den jeweils passenden Namen einfügen.*

2.3 Herbst

24) Planung „Herbstfest"

Mögliche Programmpunkte

- Begrüßung durch die Mitarbeiter
- Lied „Alle gute Gabe"
- gespielte Geschichte zum Erntedank: Kindergartenkinder spielen den Inhalt des Bilderbuches „Frederik" von Leo Lionni
- Kaffee und Obstkuchen (Pflaumen- oder Apfelkuchen) für Senioren und Kindergartenkinder
- Lied „Spann an"
- Gedicht: „Herr von Ribbeck auf Ribbeck" von Theodor Fontane
- Erntetanz der Kindergartenkinder
- Verabschiedung der Kindergartenkinder
- Ruhiger Ausklang mit Gesprächen über Ernteerfahrungen in den sogenannten „Kartoffelferien"[1]

Organisatorische Aufgaben

Bestuhlung:

Hier eignet sich die U-Form, damit die Kindergartenkinder gut gesehen werden.

Dekoration:

Jutetischdecken, Ährengestecke, kleine Zierstrohballen und -kürbisse auf den Tischen, kleinere Sonnenblumen in Vasen, Servietten mit Herbstmotiven

Gebrauchsmaterial- und Einkaufsliste

- Ähren und Schleifenband zum Gestalten von Ährengestecken
- kleine Zierstrohballen (gibt es in Bastelgeschäften als fertige Dekorationsteile)
- einige Zierkürbisse
- Sonnenblumen
- Tischvasen
- Servietten mit Herbstmotiven
- großer Strohballen
- Gemüse und Obst zum Dekorieren des Strohballens
- Kopien der Ernteliedern in Großschrift
- mehrere Obstkuchen
- Kaffeegeschirr und Besteck
- Kaffeekannen, Milchkännchen
- Zuckerdosen, Süßstoff
- Kopie des Gedichtes „Herr Ribbeck von Ribbeck" in Großschrift
- Süßigkeiten als Dankeschön für die Kindergartenkinder

(vgl. Klütsch, 1995, S. 44/45)

Anmerkung: Weitere jahreszeitliche Feste, wie z. B. ein Frühlings- oder Osterfest lassen sich mit entsprechendem Lied- und Textgut ähnlich gestalten wie das vorgeschlagene Herbstfest.

1: *Kartoffelferien wurden die Herbstferien früher genannt, da sie auf dem Lande zeitlich so lagen, dass die Schulkinder bei der Kartoffelernte mithelfen konnten.*

25) *Alle gute Gabe* *(Musik: angeblich Johann Abraham Schulz (um 1800), Text: Matthias Claudius (1740–1815))*

2. **Er sendet Tau und Regen und Sonn und Mondenschein; er wickelt seinen Segen gar zart und künstlich ein und bringt ihn dann behände in unser Feld und Brot: Es geht durch unsre Hände, kommt aber her von Gott.**
   Refrain: **Alle gute Gabe kommt her von Gott dem Herrn; drum dankt ihm, dankt, drum dankt ihm, dankt und hofft auf ihn!**

3. **Er lässt die Sonn aufgehen, er stellt des Mondes Lauf, er lässt die Winde wehen, er tut den Himmel auf. Er schenkt uns so viel Freude, er macht uns frisch und rot; er gibt den Kühen Weide und unsern Kindern Brot.**
   Refrain: **Alle gute Gabe kommt her von Gott dem Herrn; drum dankt ihm, dankt, drum dankt ihm, dankt und hofft auf ihn!**

26) Spann an *(Volkslied, überliefert)*

27) Herbst (Bunt sind schon die Wälder)

(Musik: Johann Friedrich Reichardt (1752–1814), Text: Johann Gaudenz v. Salis-Seewis (1762–1834))

2. Wie die volle Traube aus dem Rosenlaube
purpurfarbig strahlt!
Am Geländer reifen Pfirsiche mit Streifen
rot und weiß bemalt.

3. Geige tönt und Flöte bei der Abendröte
und im Mondesglanz.
Junge Winzerinnen winken und beginnen
ihren Erntetanz.

28) Herr von Ribbeck auf Ribbeck *(Theodor Fontane)*

Herr von Ribbeck auf Ribbeck im Havelland,
ein Birnbaum in seinem Garten stand,
und kam die goldene Herbsteszeit,
und die Birnen leuchteten weit und breit,
da stopfte, wenn's Mittag vom Turme scholl,
der von Ribbeck sich beide Taschen voll.
Und kam in Pantinen ein Junge daher,
so rief er: „Junge, wist'e ne Beer?"
Und kam ein Mädel, so rief er: „Lütt Deern,
kumm man röver, ik heff ne Beern!"

So ging es viele Jahre bis lobesam
Der von Ribbeck auf Ribbeck zu sterben kam.
Er fühlte sein Ende. s' war Herbsteszeit,
wieder lachten die Birnen weit und breit.
Da sagte von Ribbeck: „Ich scheide nun ab,
legt mir eine Birne mit ins Grab!"

Und drei Tage darauf, aus dem Doppeldachhaus
trugen von Ribbeck sie hinaus.
Alle Bauern und Büttner mit Feiergesicht
sangen „Jesus, meine Zuversicht",
und die Kinder klagten, das Herze schwer:
„He is doot nu. Wer gifft uns nu ne Beer?"

So klagten die Kinder. Das war nicht recht,
ach, sie kannten den alten Ribbeck schlecht.
Der neue freilich, der knausert und spart,
hält Park und Birnbaum strenge verwahrt.

Aber der alte, vorahnend schon
Und voll Misstrauen gegen den eigenen Sohn,
der wusste genau, was er damals tat,
als um eine Birn' ins Grab er bat,
und im dritten Jahr aus dem stillen Haus
ein Birnbaumsprössling spross heraus.

Und die Jahre gehen wohl auf und ab,
längst wölbt sich ein Birnbaum über dem Grab,
und in der goldenen Herbsteszeit
leuchtet's wieder weit und breit.
Und kommt ein Jung' übern Kirchhof her,
so flüstert's im Baume: „Wiste' ne Beer?"
Und kommt ein Mädel, so flüstert's: „Lütt Deern,
kumm man röver, ik geeb dir ne Beern!"

So spendet Segen noch immer die Hand
Des von Ribbeck auf Ribbeck im Havelland.

2.4 Nikolaus

29) Planung „Apfel, Nüss' und Mandelkern"

Mögliche Programmpunkte

- Begrüßung der Senioren und der Gäste (z. B. eine Grundschulklasse) durch den Heimleiter
- Lied „Lasst uns froh und munter sein"
- Kaffeetrinken
- Gedicht „Knecht Ruprecht" (Theodor Storm) vorgetragen durch eine Schülerin/einen Schüler
- „Die Nikolauslegende", Schattenspiel aufgeführt von den Schülern
- Verteilen der Nikolausgeschenke an die Schüler und die Senioren durch einen ehrenamtlichen Mitarbeiter, verkleidet als Nikolaus und Verabschiedung der Schüler
- adventliche Musik, gespielt vom Seniorenorchester
- gemeinsames Singen verschiedener Nikolaus-, Advents- und Weihnachtslieder
- ruhiger Ausklang

Organisatorische Aufgaben

Bestuhlung:

zwei lange Tische vor einer Bühne (Holzpodest), auf der sich die Schattenspielwand befindet.

Dekoration:

Jutetischdecken, rote Servietten als Nikolausschuh gefaltet, rote Kerzen in grünen Kerzenständern, Nüsse und kleine Zieräpfel, Bodenvasen mit Tannenzweigen, Strohsternen und Zieräpfeln dekoriert, für jeden Tisch zwei kleine Vasen mit Koniferen-Zweigen und Dekorationsstücken.

Gebrauchsmaterial- und Einkaufsliste

- Kaffeegeschirr und Besteck
- Stollen, Schälchen mit Weihnachtsgebäck
- Milch, Süßstoff
- Jutetischdecken
- rote Servietten, rote Kerzen in grünen Kerzenständern
- ca. 40 Zieräpfel, drei verschiedene Sorten Nüsse
- 30 Jutekreise Ø 24 cm
- rotes Kordelband, ca. 1,50 m
- 16 Bögen grünes Tonpapier DIN A2, breites Weihnachtsband
- ca. einen Meter dünne Goldkordel
- Relieffarbe in Antik-Gold zum Beschriften
- sechs große Tannenzweige
- zwei Bodenvasen
- 30 kleine Strohsterne, 20 Zieräpfel mit Band
- 30 Kopien des Liedes „Lasst uns froh und munter sein" in Großschrift zum Ausschneiden und Aufkleben auf das Tischset (Vorlage Nr. 32)
- Liederbücher mit Weihnachtsliedern
- Stutenkerle für alle Teilnehmer

30) Tischkarte aus Jute

Material: ein Jutekreis (∅ 24 cm), rote Kordel (ca. 20 cm), rotes und grünes Tonpapier zum Basteln eines Apfels, Stift mit Goldfarbe

Es werden kleine Jutesäckchen gestaltet, an die ein ausgeschnittener Apfel aus Tonpapier gebunden wird, auf dem sich mit Goldschrift der entsprechende Name befindet. Die Säckchen können mit Süßigkeiten gefüllt werden.

31) Tischset mit Weihnachtsmotiven

Material: ½ Bogen grünes oder rotes Tonpapier, weihnachtliches Schleifenband, Kopie eines Nikolausliedes

Ein grüner oder roter Zeichenkarton wird mit einem Schleifenband mit Weihnachtsmotiven umklebt. Dann kann ein kopiertes Nikolauslied auf das Set geklebt werden, damit zum Einstieg gemeinsam ein Lied gesungen werden kann.

32) *Lasst uns froh und munter sein* (Volkslied, überliefert)

Lasst uns froh und munter sein

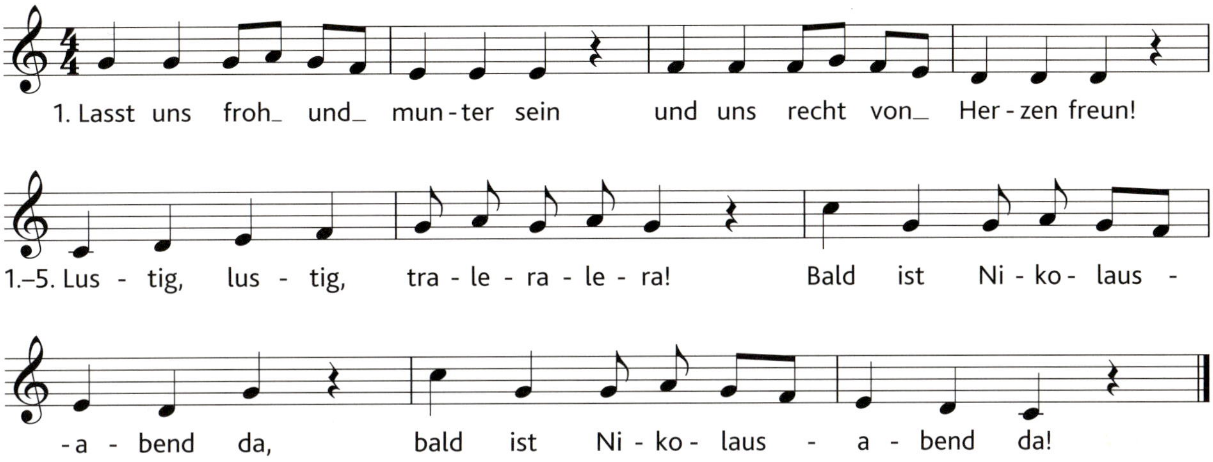

2. Dann stell ich den Teller auf,
   Niklaus legt gewiss was drauf!
   Lustig, lustig, traleralera!
   Bald ist Nikolausabend da,
   bald ist Nikolausabend da!

3. Wenn ich schlaf, dann träume ich:
   Jetzt bringt Nikolaus was für mich!
   Lustig, lustig, traleralera!
   Bald ist Nikolausabend da,
   bald ist Nikolausabend da!

4. Wenn ich aufgestanden bin,
   lauf ich schnell zum Teller hin.
   Lustig, lustig, traleralera!
   Bald ist Nikolausabend da,
   bald ist Nikolausabend da!

5. Niklaus ist ein guter Mann,
   dem man nicht g'nug danken kann.
   Lustig, lustig, traleralera!
   Nun war Nikolausabend da,
   nun war Nikolausabend da!

33) *Serviettentechnik „Nikolausstiefel"*

Material: für jeden Nikolausstiefel eine handelsübliche rote Serviette

- Die Serviette wird geöffnet und alle Ecken zum Mittelpunkt gefaltet (Briefumschlag),
- die Arbeit wird gewendet und auf dieser Seite ebenfalls alle Ecken zur Mitte gefaltet (Briefumschlag),
- die Arbeit wird nochmals gewendet und wieder werden alle Ecken zur Mitte gefaltet (Briefumschlag),
- die Arbeit wird nochmals gewendet,
- nun werden zwei gegenüberliegende Ecken so herausgezogen, dass anstatt der vorher sichtbaren Spitzen zwei gerade Kanten erkennbar werden (dazu wird die Spitze aus der Mitte zur äußeren Spitze des Quadrates gefaltet),
- die Arbeit wird leicht angehoben und in der Mitte so gefaltet, dass die beiden geraden Kanten aufeinanderliegen,
- nun wird diese Arbeit nochmals zur Hälfte gefaltet und es entsteht ein Nikolausstiefel.

34) Serviettentechnik „Tannenbaum"

Material: für jeden Tannenbaum eine handelsübliche grüne Serviette

- Die geöffnete Serviette wird zur Mitte gefaltet,
- die rechte und linke obere Ecke werden so übereinandergelegt, dass eine zentrierte Spitze entsteht,
- diese Spitze wird als gleichschenkliges Dreieck nach unten zeigend gefaltet (wirkt in etwa wie ein Briefumschlag),
- diese Faltarbeit wird umgedreht, sodass sich die Spitze nun auf der Rückseite befindet,
- die untere Kante des Rechtecks wird nun zu ca. 2/3 nach oben gefaltet,
- nun wird die Arbeit um 180° gedreht und mit Daumen und Zeigefinger (Pinzettengriff) erst unter die eine obere Ecke gegriffen und diese in Richtung Mitte gezogen (geht etwas darüber hinaus), dann die andere Ecke, bis ein Baumstamm entsteht.

3 Spielen

3.1 Wahrnehmungsspiele

35) *Was ist anders?*
36) *Was ist heute nur verkehrt? (Wahrnehmungsspiel/Sehen)*
37) *Wo ist der Punkt? (Wahrnehmungsspiel/Tasten)*
38) *Was willst du mir mitteilen? (Wahrnehmungsspiel/Tasten)*
39) *Wie viel Geld ist hier im Spiel? (Wahrnehmungsspiel/Tasten)*
40) *Woher kenne ich diesen Duft? (Wahrnehmungsspiel/Riechen)*
41) *Was hör ich da? (Wahrnehmungsspiel/Hören)*

3. 2 Ratespiele

42) *Quiz mit Sprichwörtern*
43) *Quiz mit verballhornten Sprichwörtern und Redensarten*
44) *Otto*
45) *Kuckucksei*
46) *Richtig oder falsch?*
47) *Was bin ich?*

3. 3 Bewegungsspiele

48) *Bewegungen würfeln*
49) *Gehen wie ...*
50) *Ball weiterreichen*
51) *Wer hat den Ball?*
52) *Zauberbälle*
53) *Sitzfußball*
54) *Der tanzende Luftballon*
55) *Spiele mit dem Schwungtuch*
56) *Ringwurf*
57) *Bewegungsreifen*
58) *Kanon mit Bewegungen*
59) *Fingertraining*
60) *Sitzstaffel*

3.4 Darstellungsspiele

61) *Standbilder*
62) *Redensarten darstellen*
63) *Seltsame Berufe*
64) *Küchengerätegruppen*
65) *Geräuschkulissen*

3.5 Tischspiele

66) *Domino*
67) *Sprichwörter-Memory*
68) *Europa-Spiel*
69) *Stummer Spieler (Würfelspiel)*
70) *Tannenbaum plündern (Würfelspiel)*
71) *Kartenspiel mit Buchstaben (Kartenspiel)*

3.6 Erinnerungsspiele

72) *Brettspiel: Lebensereignisse*
73) *Die ELTERNHAUS-Methode*
74) *Über Kinderfotos ins Gespräch kommen*
75) *Erinnerungskoffer mit alltäglichen Gegenständen*

Die Generation der heutigen Senioren hatte in ihrem bisherigen Leben kaum Gelegenheit zu spielen. So ist es zu erklären, dass viele ältere Menschen zunächst abweisend reagieren, wenn ihnen angeboten wird, an Gesellschaftsspielen, einem Spielnachmittag o. Ä. teilzunehmen. Sie empfinden das Spielen als Kinderkram oder Faulenzerei. Schauen sie jedoch spielenden Mitbewohnern eine Weile zu und erleben diese begeistert beim Spielen, kann dies ansteckend wirken und die eigene Spielfreude wecken.

Im Spiel werden nicht nur Kinder, sondern auch Erwachsene jeden Alters aktiv, stellen sich selbst dar und nehmen sich viel bewusster wahr.

Dass das Spiel somit einen positiven Einfluss auf das Lebensgefühl bis ins hohe Alter hat, ist unumstritten, denn:

- Das Spielen fördert das Erleben von Gemeinschaft und Verständnis für den anderen.
- Im Spiel können die älteren Menschen ihr Gedächtnis und ihre Konzentrationsfähigkeit trainieren.
- Durch das Spiel können die älteren Menschen ihre Wahrnehmungsfähigkeit stärken.
- Spielen bewirkt das Erlebnis von Freude und Spaß.
- Durch größere und kleinere Bewegungen im Spiel können Spannungen abgebaut werden.

Die Auseinandersetzung mit bestimmten Fragen vor der Durchführung eines Spielangebotes mit mehreren Spielen (z. B. Spiele im Kreis) kann hilfreich sein, um einen Spielnachmittag für eine Gruppe von Senioren zu einem schönen Erlebnis werden zu lassen:

- Wie viele Bewohner werden voraussichtlich an dem Angebot teilnehmen?
- Welche Spiele wähle ich warum aus?
- In welcher Reihenfolge biete ich die Spiele an?
- Wo werde ich das Angebot durchführen? usw.

Anmerkung:

Tisch-, Bewegungs-, Wahrnehmungs-, Wort-, Gedächtnis-, Ratespiele und darstellende Spiele eignen sich je nach Verfassung der älteren Menschen recht gut, während z. B. Lese- und Schreibspiele aufgrund des eingeschränkten Sehvermögens einiger Bewohner in der Gruppe nur bedingt durchzuführen sind.

Hinweise für die Spielleitung

- Alle Materialien, die gebraucht werden, sollten bereitliegen, ansonsten besteht die Gefahr, die Mitspieler mit endlosen Vorbereitungen zu langweilen.
- Gerade schwierige Spielregeln sollten schrittweise erklärt werden, indem das Spiel z. B. erst in vereinfachter Form einmal durchgespielt wird. Bei einigen Spielen kann auch erst ein Probedurchlauf gemacht werden, bei dem einzelne Mitspieler in der Zuschauerrolle verweilen, damit der Spielhergang besser verstanden werden kann. Auch störendes Nachfragen kann so vermieden werden.
- Die Spielregeln sollten einfach, kurz, knapp und anschaulich (z. B. durch entsprechende unterstützende Gesten) erklärt werden. Die Spielleitung sollte nach Möglichkeit immer mitspielen.
- Während des Spielens kann die Spielleitung viel zur Stimmung beitragen, wenn sie Spielerfolg bewundert, originelle Beiträge hervorhebt, denn zu einigen Spielen müssen die Bewohner sehr viel Mut aufbringen, was entsprechend gewürdigt werden sollte.
- Die Spielleitung sollte zu allen Mitspielern Blickkontakt haben, denn nur so vermittelt sie einen persönlichen Kontakt.
- Es bietet sich an, vor Spielbeginn das Gesamtvorhaben bekannt zu geben, d. h., es wird mitgeteilt, wie viele Spiele gespielt werden, wie lange gespielt wird usw. Zudem sollte den Spielern gesagt werden, wann das Spielangebot beendet ist und was dann geschieht.

Bewährt hat es sich zudem, zu Beginn oder am Ende einer Spielrunde im Kreis oder auch einer Tischspielrunde etwas durchzuführen, was nach einer Weile fester Bestandteil eines jeden Spielangebotes ist. Dabei kann es sich z. B. um das Vorlesen eines kurzen Textes, das Singen eines Liedes oder auch einen Austausch über das aktuelle Tagesgeschehen handeln (vgl. Wilken, 1995, S. 24–30).

3.1 Wahrnehmungsspiele

35) Was ist anders? (Sehen)

Anzahl der Mitspieler:	ca. 8–20 Spieler	**Spieldauer:**	5–10 Minuten
Spielort:	beliebig	**Material:**	–

Zwei Mitspieler stehen sich gegenüber und betrachten sich eine Weile (ca. fünf Minuten). Es wird z. B. auf die Kleidung, Körperhaltung u. Ä. geachtet.
Ein weiterer Mitspieler verändert dann ein bis zwei Merkmale, die von dem Gegenüber erraten werden müssen, während er die Augen geschlossen hält.
Wird die Aufgabe schwer gelöst, wird die Aufgabenstellung in der nächsten Runde vereinfacht, indem z. B. nur ein Merkmal verändert wird.
(vgl. Broich, 1997, S. 52)

36) Was ist heute nur verkehrt? (Sehen)

Anzahl der Mitspieler:	ca. 8–20 Spieler
Spieldauer:	das Spiel zieht sich über den Zeitraum der gesamten Veranstaltung
Spielort:	in den Räumen, in denen der Spielnachmittag o. Ä. stattfindet
Material:	für jeden Spieler einen Zettel und einen Stift

Die Spieler werden zu Beginn darauf hingewiesen, dass am heutigen Tag 10- bis 12-mal etwas verkehrt sei. Dieses gilt es zu entdecken und zu notieren (Senioren, die Schwierigkeiten beim Schreiben haben, können einem Mitarbeiter die jeweilige Entdeckung nennen, der sie dann für den Bewohner notiert).
Am Ende des Spielnachmittags werden alle Zettel eingesammelt und derjenige, der die meisten Fehler entdeckt hat, erhält einen kleinen Gewinn.

Beispiele für Veränderungen

- Die Kaffeetassen stehen alle links statt rechts.
- Die Mitarbeiter tragen im Sommer Winterkleidung oder umgekehrt.
- Ein Bild hängt auf dem Kopf.
- Ein Möbelstück, das seinen festen Platz hat, wurde entfernt oder verschoben.
- Jemand aus dem Mitarbeiterteam hat eine für ihn untypische Frisur.

(vgl. Becker, 2005, S. 100)

37) Wo ist der Punkt? (Tasten)

Anzahl der Mitspieler:	ca. 8 –20 Spieler	**Spieldauer:**	5–10 Minuten
Spielort:	beliebig	**Material:**	Kugelschreiber

Ein Mitspieler zieht seinen Ärmel hoch, schließt die Augen, während ein anderer Spieler mit einem Kugelschreiber einen kleinen Punkt auf seinen Arm zeichnet. Der erste Spieler versucht ebenfalls mit einem Kuli, diese Stelle zu ertasten. Wird es ihm gelingen?

38) *Was willst du mir mitteilen? (Tasten)*

Anzahl der Mitspieler:	mindestens ein Paar	**Spieldauer:**	5–10 Minuten
Spielort:	beliebig	**Material:**	–

Ein Spieler sitzt auf einem Stuhl, sein Partner steht oder sitzt hinter ihm und versucht, nur mit seinen Fingern eine kurze (!) Nachricht auf seinen Rücken zu schreiben. Dabei schreibt er langsam und deutlich Buchstaben für Buchstaben und streicht jedes Mal, wenn ein Wort zu Ende ist, über den Rücken. Wurde die Nachricht erraten, werden die Rollen getauscht.
(vgl. Becker, 2005, S. 82)

39) *Wie viel Geld ist hier im Spiel? (Tasten)*

Anzahl der Mitspieler:	8–20 Spieler	**Spieldauer:**	5–10 Minuten
Spielort:	beliebig	**Material:**	verschiedene Euromünzen

Die Leiterin gibt einige Münzen im Kreis herum, während die Spieler die Augen geschlossen halten.
Die Spieler versuchen durch Tasten jeweils zu erkennen, um welche Münze es sich handelt und merken sich deren Wert. Den geschätzten Wert der nächsten Münze addieren sie dann hinzu.
Erst nachdem alle Spieler alle Münzen einmal in der Hand gehalten haben, nennen sie nacheinander die von ihnen vermutete Summe, bevor der Spielleiter den tatsächlichen Wert mitteilt.
Es kann dann noch darüber gesprochen werden, woran man bestimmte Münzen erkennen kann (dies kann für Bewohner hilfreich sein, deren Sehfähigkeit eingeschränkt ist).
(vgl. Becker, 2005, S. 81)

40) *Woher kenne ich diesen Duft? (Riechen)*

Anzahl der Mitspieler:	3–10 Spieler	**Spieldauer:**	5–10 Minuten
Spielort:	beliebig	**Material:**	Filmdöschen, gefüllt mit verschiedenen Küchenkräutern und -gewürzen

Die Leiterin hat einige Filmdöschen mit stark duftenden Kräutern und Gewürzen vorbereitet. Einem Spieler werden die Augen verbunden und er versucht, drei unterschiedlich riechende Kräuter bzw. Gewürze, wie z. B. Zimt, Salbei und Nelkenpulver am Duft zu erkennen.
Ist das Spiel beendet, kann ein Gespräch über die Verwendung dieser Gewürze und Kräuter folgen.

41) *Was hör ich da? (Hören)*

Anzahl der Mitspieler:	ab 3 Spieler	**Spieldauer:**	5–10 Minuten
Spielort:	beliebig	**Material:**	verschiedene Materialien, mit denen Geräusche vorgeführt werden

Die Leiterin sitzt hinter einem Stuhl, der mit einer Wolldecke o. Ä. behängt ist und führt verdeckt verschiedene Geräusche vor, die von den Mitspielern erraten werden müssen, wie z. B. auf einem Kamm blasen, mit Papier rascheln, mit einem Löffel gegen ein Glas klopfen, Wasser von einem Glas in ein anderes füllen usw.
(vgl. Evers, 1994, S. 45)

3.2 Ratespiele

42) *Quiz mit Sprichwörtern*

Anzahl der Mitspieler:	ca. 8–20 Spieler	**Spieldauer:**	ca. 20 Minuten
Spielort:	Gruppenraum	**Material:**	Sprichwörtersammlung

Es werden Anfänge von Sprichwörtern genannt, die ergänzt werden müssen, z. B.:
„Wer andern eine Grube gräbt, ..." *(fällt selbst hinein).*
„Morgenstund ..." *(hat Gold im Mund).*
„Die Katze im ..." *(Sack kaufen).*
„Der Apfel fällt ..." *(nicht weit vom Stamm).*
„Es ist nicht alles ..." *(Gold, was glänzt).*
„Was du nicht willst, was man dir tu, ..." *(das füg auch keinem andern zu).*
„Ohne Fleiß ..." *(kein Preis).*
„Müßiggang ..." *(ist aller Laster Anfang).*
„Was ich nicht weiß. ..." *(macht mich nicht heiß).*
„Wie man in den Wald ruft, ..." *(so schallt es zurück).*
„Ein gutes Gewissen ..." *(ist ein sanftes Ruhekissen).*
(vgl. Mergast/Uilenkamp, 1992, S.82/83)

43) *Quiz mit verballhornten[1] Sprichwörtern und Redewendungen*

Anzahl der Mitspieler:	ca. 8–20 Spieler	**Spieldauer:**	ca. 20 Minuten
Spielort:	Gruppenraum	**Material:**	Sprichwörtersammlung

Es werden verquere Sprichwörter und Redewendungen genannt, deren richtige Textfassung gesucht wird.
Beispiele:
„Sein Licht nicht unter den **Sessel** *(Scheffel)* stellen."
„Morgenstund' **ist aller Laster Anfang** *(hat Gold im Mund.)*"
„**Im Brot hat** *(In der Not frisst)* der Teufel Fliegen."
„Steter Tropfen **höhlt die Stirn** (den Stein)."
„Der ist weitab vom **Stamm** *(Schuss.)*"
„Wo gesungen wird, da lass dich ruhig nieder, denn böse Menschen haben **Plattenspieler** *(keine Lieder).*"
„Man soll **am** *(den)*Tag **und nicht am Abend toben** *(nicht vor dem Abend loben).*"
„Ein **Bett und einen Topf** haben *(ein Brett vor dem Kopf haben).*"
„Es ist noch kein **Kleister** *(Meister)* vom Himmel gefallen."
„Am Abend **holt der Faule Reisig** *(wird der Faule fleißig).*"
„Wer andern **in der Nase bohrt, ist selbst ein Schwein** *(eine Grube gräbt, fällt selbst hinein).*"
(vgl. Mergast/Uilenkamp, 1992, S. 83)

1: Der Buchdrucker Ballhorn (1531–1603) druckte in Lübeck sehr fehlerhaft neue Auflagen des damaligen Stadtrechts, sodass die früheren Ausgaben weitaus besser waren als die Neuauflagen. Hieraus entstand für unstimmige und verquere Redewendungen der Ausdruck sie seien „verballhornt".

44) Otto

Anzahl der Mitspieler:	für einen oder mehrere Spieler geeignet	**Spieldauer:**	5–10 Minuten
Spielort:	beliebig	**Material:**	–

Otto mag nicht jeden, aber Kalle mag er.
Otto mag keine Kirschen, aber Beeren mag er.
Otto mag keine Gabeln, aber Löffel mag er.
Otto mag keinen Punkt, aber das Komma liebt er.

Lösung: **Otto** mag Doppelbuchstaben

45) Kuckucksei

Anzahl der Mitspieler:	ca. 8–20 Spieler	**Spieldauer:**	ca. 20 Minuten
Spielort:	Gruppenraum	**Material:**	Sprichwörtersammlung

Bestimmte Kuckucksarten legen ihre Eier in fremde Nester, damit andere Vögel sie ausbrüten und die Jungen aufziehen.
Bei dem folgenden Spiel hat sich in jeder Zeile ein „Kuckucksei" versteckt, d. h., vier Wörter können einem bestimmten Oberbegriff zugeordnet werden, ein Wort passt nicht in die Reihe.

Beispiele

- Affe, Hund, **Fliege**, Katze, Wal (die Fliege ist kein Säugetier),
- Auto, Motorrad, LKW, **Fahrrad**, Flugzeug (das Fahrrad braucht kein Benzin),
- Rudolf, **Ruth**, Herbert, Peter, Dieter (Ruth ist kein Männername),
- München, Aachen, **Paris,** Nürnberg, Berlin (Paris liegt nicht in Deutschland),
- Wein, Bier, **Cola**, Sekt, Schnaps (Cola enthält keinen Alkohol).

(vgl. Mergast/Uilenkamp, 1992, S. 293)

46) Richtig oder falsch?

Anzahl der Mitspieler:	ca. 8–20 Spieler	**Spieldauer:**	ca. 20 Minuten
Spielort:	Gruppenraum	**Material:**	vorbereitete Fragen

Alle Spieler sitzen im Halbkreis und erhalten von der Leitung einen Zettel mit einer Zahl. In der Mitte stehen zwei Stühle. An einem Stuhl klebt der Zettel mit der Aufschrift „richtig", am anderen Stuhl der Zettel, auf dem „falsch" steht.
Es werden verschiedene Fragen gestellt, die nur mit „richtig" oder „falsch" beantwortet werden.
Dazu ruft die Leiterin eine Zahl auf und der Spieler mit dieser Zahl setzt sich nach der Frage entweder auf den „Richtig-Stuhl" oder den „Falsch-Stuhl".

Mögliche Fragen

- War Bonn jemals die Hauptstadt von Deutschland?
- Ist der Wal ein Fisch?
- Liegt Köln am Rhein?
- Lässt sich Teer an den Händen mit Butter entfernen?
- War Walter Scheel Bundeskanzler? usw.

Nach dem Spiel kann auch noch über die Frageinhalte ein Gespräch geführt werden.
(vgl. Broich, 1997, S. 87)

47) *Was bin ich?*

Anzahl der Mitspieler: 2–4 Spieler (und ein Spielleiter)
Spieldauer: ca. 15 Minuten
Spielort: Gruppenraum
Material: 10 Murmeln o. Ä., 2 Schälchen, Buchstabenkarten, Magnettafel mit Magnetbuchstaben, kleine Präsente

Wie bei der beliebten früheren Fernsehsendung „Was bin ich?" (Robert Lembke) gibt es ein Rateteam, das sich aus ein bis drei Bewohnern zusammensetzt und einen „Gast", dessen Beruf erraten werden soll.

Die Spielleitung (Robert Lembke) zeigt dem „Gast" eine Buchstabenkarte unter Ausschluss der anderen Spieler. Der „Gast" denkt sich nun einen Beruf aus, der mit diesem Buchstaben beginnt und legt ihn (ebenfalls unter Ausschluss der Mitspieler) mit den Magnetbuchstaben und reicht „Robert Lembke" die Magnettafel zurück. Nachdem der „Gast" eine typische Handbewegung passend zu seinem erdachten Beruf gezeigt hat, wird die Raterunde eröffnet.
Der Gast darf nur mit „Ja" oder „Nein" antworten. Bei jedem „Nein" legt „Robert Lembke" eine Murmel von dem einen in das andere Schälchen. Wurde zehnmal mit „Nein" geantwortet, ist die eine Fragerunde beendet, und der „Gast" erhält ein kleines „Dankeschön" für sein Kommen (z. B. ein Fensterbild für sein Zimmer).
Wurde der Beruf von einem Mitspieler erraten, erhält dieser ein kleines Präsent.

Anregung:
Es können auch Filz- oder Sandpapierbuchstaben auf die Karten geklebt werden. Anschließend kann der Beruf dann vom Spielleiter notiert werden, was sinnvoll ist, wenn ältere Menschen mit starken Sehbehinderungen mitspielen (siehe Abbildung unten).
(vgl. Mattern, 2001, S. 175)

Buchstabenkarten mit Sandpapierbuchstaben

3.3 Bewegungsspiele

Bewegungsspiele können während einer Spielrunde oder innerhalb einer Übungsstunde im Rahmen der Seniorengymnastik[1] auch von Fachkräften ohne Übungsleiterschein angeboten werden. Es bedarf jedoch vorher einer intensiven Beobachtung der körperlichen Verfassung der einzelnen Mitspieler.

Bewegungsspiele, bei welchen Hüpfen, Springen und Schnellkraft gefordert werden, sind für Senioren aufgrund ihrer eingeschränkten Reaktions- und Koordinationsfähigkeit nur bedingt geeignet.

Durch spielerische Bewegungsübungen erleben die Senioren zwanglose Freude an der Bewegung, sie tragen zum Abbau von Aggressionen und Spannungen bei und fördern das Gemeinschaftserleben *(vgl. Mötzing, 2005, S. 173 f.)*.

48) Bewegungen würfeln

Anzahl der Mitspieler:	8–20 Spieler	**Spieldauer:**	10–20 Minuten
Spielort:	Gruppenraum	**Material:**	Schaumstoffwürfel oder ein großer gebastelter Pappwürfel, Papier, Stift, Tesakrepp

Im Stuhlkreis wird reihum mit einem großen Schaumstoffwürfel gewürfelt. Auf diesen wurde auf jede Seite entsprechend der Fähigkeiten und Interessen der Bewohner ein Bewegungsangebot geschrieben (die Bewegungsangebote wurden zuvor vom Spielleiter auf sechs Zettel notiert und mit Tesakrepp auf den Würfel geheftet).
Wird ein Bewegungsangebot erwürfelt, macht die gesamte Gruppe unter Berücksichtigung der individuellen Grenzen diese Übung mit. Zwischendurch gibt es immer eine kleine Atempause, dann wird weitergewürfelt.

Beispiele für Bewegungsangebote sind:

- Füße rechts und links herum kreisen lassen
- Bälle mit den Füßen balancieren
- Kniebeugen
- Kopf kreisen
- Arme im Wechsel zur Decke strecken
- Fahrradfahren im Sitzen

(vgl. Wilken, 1995, S. 43)

1: Sozialpädagogische und sozialpflegerische Helfer übernehmen i. d. R. keine Übungsstunden im Rahmen der Seniorengymnastik, da diese ein fundiertes Fachwissen bezüglich der Einschätzung von Grenzen und Gefahren der Bewegungsübungen erfordern. Dieses Fachwissen kann nur in entsprechenden Aus- und Fortbildungen zum Übungsleiter erworben werden. Informationen hierzu erhalten Interessierte über Landessportverbände, Landesturnverbände, örtliche Sportverbände oder regionale Wohlfahrtsverbände *(vgl. Mötzing, 2005, S. 155)*.

49) Gehen wie ...

Anzahl der Mitspieler:	8–20 Spieler	**Spieldauer:**	ca. 10 Minuten
Spielort:	Gruppenraum	**Material:**	Musik, Klingel

Alle Mitspieler gehen nach Musik durch den Raum. Dann nennt die Spielleitung auf ein Zeichen hin (Klingel), welche Menschen sie mit welchen Gangarten gerade beobachtet. Die Spielleitung macht diese Gangart einmal vor, dann wird sie von allen Mitspielern nach Musik wiederholt, bis das Klingelzeichen ertönt und eine neue Gangart vorgeführt wird.

Beispiele für Gangarten:

- ein Kellner mit einem Tablett
- eine Frau, die einen Kinderwagen schiebt
- eine Frau mit schweren Einkaufstaschen
- ein Kind, das auf dem Schulweg trödelt
- eine Inderin mit einem Wasserkrug

(vgl. Wilken, 1995, S. 53)

50) Ball weiterreichen

Anzahl der Mitspieler:	8–20 Spieler	**Spieldauer:**	5–10 Minuten
Spielort:	größerer Gruppenraum		
Material:	2–3 Softbälle in verschiedenen Farben (Anzahl ist von der Aufnahmefähigkeit der Teilnehmer abhängig)		

Alle Spieler sitzen im Stuhlkreis. Die Leiterin gibt zwei bis vier Spielern, die ein wenig voneinander entfernt sitzen, einen farbigen Softball. Die Bälle sollen weitergereicht werden, wobei die unterschiedlich farbigen Bälle bestimmten Regeln unterliegen, z. B. der rote Ball wandert rechtsherum, der blaue Ball linksherum, der grüne Ball wird rechtsherum nur jedem zweiten Spieler überreicht.

(vgl. Mötzing, 2005, S. 205)

51) Wer hat den Ball?

Anzahl der Mitspieler:	8–20 Spieler	**Spieldauer:**	5–10 Minuten
Spielort:	größerer Gruppenraum		
Material:	ein größerer Ball (z. B. Wasserball), CD-Spieler, Musik-CD		

Alle Spieler sitzen im Stuhlkreis. Die Leiterin gibt den Ball in die Runde. Nun wird er von Hand zu Hand weitergegeben, während Musik spielt. Stoppt die Musik, scheidet derjenige aus, der den Ball gerade in der Hand hält. Dann geht das Spiel so lange weiter, bis nur noch ein Spieler übrig bleibt.

Tipp: Die Leiterin erzeugt Spannung, indem sie hin und wieder so tut, als schalte sie die Musik aus, sie stellt sie dann jedoch nur leiser oder lauter.

(vgl. Evers, 1994, S. 190)

52) Zauberbälle

Anzahl der Mitspieler:	8 – 20 Spieler	**Spieldauer:** 10 – 20 Minuten	
Spielort:	großer Gruppenraum		
Material:	mehrere Tennisbälle in Alufolie gewickelt, CD-Spieler, Musik-CD		

Alle Mitspieler gehen nach Musik durch den Raum. Dabei werden die „Zauberbälle“ so lange weitergereicht, bis die Musik stoppt. Die Mitspieler, die dann einen der Bälle in der Hand halten, sind „verzaubert“, d. h., sie verharren in der Bewegung, die sie gerade ausgeführt haben. Sofort eilen die anderen Mitspieler herbei, um sie von dem „bösen Zauber“ zu erlösen, indem sie die verzauberte Person von oben bis unten sanft wach klopfen. Sind alle befreit, beginnt das Spiel von vorne und die „Zauberkugeln“ werden bis zum nächsten Musikstopp weitergereicht.

(vgl. Wilken, 1995, S. 45)

53) Sitzfußball

Anzahl der Mitspieler:	8–14 Spieler	**Spieldauer:**	ca. 10 Minuten
Spielort:	großer Gruppenraum	**Material:**	ein Schaumstoffball oder Softball

Die Teilnehmer sitzen im Kreis und kicken sich den Ball gegenseitig zu. Die Leiterin achtet darauf, dass alle entsprechend ihrer Spielbedürfnisse beteiligt werden.

(vgl. Mötzing, 2005, S. 176)

54) Der tanzende Luftballon

Anzahl der Mitspieler:	8 – 20 Spieler (gerade Anzahl)	**Spieldauer:**	ca. 5 Minuten
Spielort:	großer Gruppenraum	**Material:**	ein Handtuch für jedes Paar, ein Luftballon

Es werden zwei Stuhlreihen gebildet, sodass sich immer zwei Spieler gegenübersitzen. Jedes Paar erhält ein Handtuch, das beide Partner festhalten. Die Leiterin legt den Luftballon auf das Handtuch des ersten Paares, das damit beginnt, den Luftballon von Paar zu Paar durch die Gasse wandern zu lassen.

(vgl. Evers, 1994, S. 190)

55) *Spiele mit dem Schwungtuch*

Anzahl der Mitspieler: je nach Größe des Schwungtuches 8–16 Spieler **Spieldauer:** ca. 10 Minuten
Spielort: großer Gruppenraum **Material:** Schwungtuch

Spiele mit dem Schwungtuch lassen sich im Steh- oder Sitzkreis gleichermaßen durchführen.
Die Teilnehmer halten das Schwungtuch mit einer oder beiden Händen fest. Dann wird versucht, die gemeinsamen Auf- und Abwärtsbewegungen so zu koordinieren, dass sich das Schwungtuch aufbläht und fast in der Luft steht.
Es kann auch ein kleinerer leichter Ball eingesetzt werden, den die Teilnehmer sich gegenseitig zuspielen.
(vgl. Mötzing, 2005, S. 176)

56) *Ringwurf*

Anzahl der Mitspieler: 4–10 Spieler **Spieldauer:** ca. 10 Minuten
Spielort: großer Gruppenraum **Material:** ein Ringwurf-Set

In die Mitte des Stuhlkreises wird ein Ringwurfspiel gestellt. Nacheinander versuchen die Teilnehmer, Wurfringe auf die Stifte zu werfen. Hierbei wird jeder Wurf mit einer bestimmten Punktzahl bewertet (z. B. Treffer auf dem Mittelstift = 10 Punkte, Treffer auf einem Seitenstift = 5 Punkte). Sieger ist, wer zum Schluss die meisten Punkte erzielt hat. *(vgl. Mötzing, 2005, S. 174)*

57) *Bewegungsreifen*

Anzahl der Mitspieler: 8–15 Spieler **Spieldauer:** ca. 10 Minuten
Spielort: großer Gruppenraum **Material:** drei Gymnastikreifen

Alle Teilnehmer sitzen im Stuhlkreis. In der Mitte liegen drei Gymnastikreifen. Jedem Reifen wird eine Bewegung zugeordnet, z. B.: Reifen 1: mit den Füßen stampfen, Reifen 2: die Arme über dem Kopf hin und her bewegen, Reifen 3: in die Hände klatschen. Die Leiterin begibt sich dann in die Mitte eines Reifens und die Teilnehmer führen die verabredete Bewegung aus. Sie wechselt dann in einen anderen Reifen und wieder müssen alle entsprechend reagieren. Was passiert, wenn sie mit je einem Fuß in zwei unterschiedlichen Reifen steht?
(vgl. Dunkhorst, 2001, S. 129)

58) *Kanon mit Bewegungen*

Anzahl der Mitspieler: 8–30 Spieler **Spieldauer:** ca. 5 Minuten
Spielort: großer Gruppenraum **Material:** –

Alle Teilnehmer werden in vier Untergruppen aufgeteilt und führen auf ein Handzeichen der Leiterin hin nacheinander und zeitversetzt, wie bei einem Kanon, die unten stehenden Bewegungen aus.
In der ersten Runde üben jedoch alle gemeinsam:

- 4-mal in die Hände klatschen,
- 4-mal auf die Oberschenkel klatschen,
- 4-mal mit den Füßen stampfen,
- 4-mal die Arme in die Luft strecken.

(vgl. Dunkhorst, 2001, S. 129)

59) *Fingertraining*

Anzahl der Mitspieler:	ab 2 Spieler	**Spieldauer:**	ca. 5 Minuten
Spielort:	großer Gruppenraum	**Material:**	mit Sand gefüllte Luftballons

Jeder Spieler erhält einen Luftballon, der zuvor mithilfe eines Trichters mit Sand gefüllt worden ist.
Nun gibt die Spielleiterin einige Anregungen zum Kennenlernen dieses einfachen Handgerätes. Sie erklärt den Teilnehmern, dass es wichtig ist, die Fingerkuppen zu aktivieren (diese Bewegung hat eine positive Auswirkung auf die geistige Gesundheit).

Mögliche Anregungen

- den Luftballon zu einer Kugel formen
- versuchen, nur mit den Fingern eine längliche Wurst zu drücken
- den Luftballon so drücken, dass zwei gleich große Kugeln entstehen
- u. Ä. mehr

(vgl. Becker, S. 37)

60) *Sitzstaffel*

Anzahl der Mitspieler:	ab 12 Spieler (gerade Anzahl)	**Spieldauer:**	ca. 10 Minuten
Spielort:	großer Gruppenraum	**Material:**	Seil oder ein dickerer Bindfaden

Die Spieler sitzen sich in zwei Reihen gegenüber. Ein Seil oder Bindfaden von ca. 1 m Länge wandert vom ersten bis zum letzten Spieler. Jeder Spieler, der das Seil in den Händen hält, knüpft einen Knoten hinein. Bei der „Rückwanderung" vom letzten zum ersten Spieler löst jeder einen Knoten. Welche Gruppe hat zuerst alle Knoten gelöst?

(vgl. Becker, S. 60)

3.4 Darstellungsspiele

Darstellende Spiele, die auch „pantomimische" Spiele genannt werden (der Begriff stammt von dem griechischen Wort „Pantomime", das so viel bedeutet wie „alles nachahmend") bereiten vielen älteren Menschen sehr viel Freude. Durch Mimik und Gestik werden hier z. B. Gefühle, Erlebnisse, kleine Alltagssituationen dargestellt. Kreativität und Fantasie werden gefördert und erweitert.

61) Standbilder

Anzahl der Mitspieler:	ab 8 Spieler	**Spieldauer:**	45–60 Minuten
Spielort:	Gruppenraum	**Material:**	–

Kleingruppen von vier bis sechs Teilnehmern überlegen sich, wie sie ein Standbild darstellen können, das zu einem bestimmten Thema passt, welches ihnen die Spielleitung nennt (Auswahl bereithalten!). Die Restgruppe kennt das Thema nicht.

Jede Gruppe hat ca. zehn Minuten Vorbereitungszeit, um Darstellungen auszuprobieren, bis die Gruppenmitglieder zu einem Ergebnis gekommen sind.

Anschließend werden die einzelnen Standbilder der Gesamtgruppe vorgestellt, die dann das dargestellte Thema erraten muss.

Mögliche Themen

- frisch verliebt,
- Stau auf der Autobahn,
- Strandurlaub,
- beim Frisör,
- auf dem Markt

(vgl. Broich, 1997, S. 40)

62) Redensarten darstellen

Anzahl der Mitspieler:	ca. 10–20 Spieler	**Spieldauer:**	15 Minuten
Spielort:	Gruppenraum	**Material:**	vorbereitete Aufgabenzettel mit Redensarten

Die Mitspieler ziehen Aufgabenzettel, auf denen Redensarten stehen. Nacheinander stellen sie diese pantomimisch dar. Die Gruppe errät, um welche Redensart es sich jeweils handelt.

Beispiele für Redensarten

- „Perlen vor die Säue werfen"
- „Auf jemanden ein Auge werfen"
- „Ins Fettnäpfchen treten"
- „Jemandem Hörner aufsetzen"
- „Etwas auf die lange Bank schieben"
- „Wissen, wie der Hase läuft"

(vgl. Wilken, 1995, S. 80 f.)

63) *Seltsame Berufe*

Anzahl der Mitspieler:	ca. 8–20 Spieler	**Spieldauer:**	15 Minuten
Spielort:	Gruppenraum		
Material:	vorbereitete Kärtchen mit zusammengesetzten Hauptwörtern		

Einige Spieler ziehen Kärtchen, auf denen zusammengesetzte Hauptwörter stehen, die mit etwas Fantasie wie seltsame Berufe klingen. Sie stellen jedes Hauptwort einzeln dar. Die Mitspieler versuchen, das aus mehreren Hauptwörtern bestehende Wort zu erraten.

Beispiele für zusammengesetzte Hauptwörter

Armleuchter, Hosenträger, Scheinwerfer, Handtuchhalter, Pfeifenputzer, Buchhalter, Scheibenwischer, Zitronenfalter, Uhrzeiger, Obstmesser, Brillenträger ...

(vgl. Wilken, 1995, S. 62 f.)

64) *Küchengerätegruppen*

Anzahl der Mitspieler:	ca. 10–20 Spieler	**Spieldauer:**	15 Minuten
Spielort:	Gruppenraum	**Material:**	–

Kleingruppen von zwei bis fünf Teilnehmern erhalten den Auftrag, ein Küchengerät ihrer Wahl pantomimisch darzustellen. Nach kurzer Probezeit stellen die einzelnen Gruppen nacheinander ihre „Küchengeräte" vor.

Bei großem Interesse können auch andere Begriffe, wie z. B. Liedanfänge, bekannte Märchen, Sportarten, Berufe usw. gespielt werden.

(vgl. Wilken, 1995, S. 82)

65) *Geräuschkulissen*

Anzahl der Mitspieler:	ca. 10–20 Spieler	**Spieldauer:**	15 Minuten
Spielort:	Gruppenraum	**Material:**	Stellwand

Kleingruppen von drei bis fünf Spielern begeben sich hinter die Stellwand und führen der Restgruppe eine kleine Handlung mithilfe der zur Szene gehörenden Geräusche vor. Die Hörer müssen erraten, welche Handlung „vertont" worden ist.

Beispiele für Geräuschkulissen

- beim Friseur,
- in der Schule,
- beim Fußballspiel,
- beim Arzt,
- an der Bushaltestelle.

(vgl. Thiesen, 1994, S. 28)

3.5 Tischspiele

Tischspiele wie „Mensch-ärgere-dich-nicht", „Rommé" oder „Kniffel" sind bei älteren Menschen sehr beliebt, sodass es sich anbietet, ab und zu einen Spielnachmittag mit solchen oder ähnlichen Spielen durchzuführen.

Ältere Menschen finden meist großen Gefallen an diesen Spielen, die in kleinen Tischgruppen gespielt werden. Zu den Tischspielen zählen Würfelspiele, Kartenspiele, Brettspiele u. Ä.

Die Spielleitung sollte darauf achten, dass nicht mehr als 25 Personen an dem Spielangebot teilnehmen, da ansonsten keine ruhige Spielatmosphäre mehr gegeben ist und die Spielleitung schwer den Gesamtüberblick behalten kann.

Da es einigen älteren Menschen aufgrund ihrer körperlichen Beeinträchtigungen (z. B. Nachlassen des Sehvermögens, Verminderung der Konzentrationsfähigkeit usw.) schwerfällt, einige dieser beliebten Gesellschaftsspiele mitzuspielen, haben verschiedene Firmen Spiele entwickelt, die diese Einschränkungen berücksichtigen.
So gibt es beispielsweise:

- Gesellschaftsspiele im Großformat mit gut erkennbaren Zahlen und Symbolen,
- Spiele mit größeren Spielsteinen, Würfeln, Spielfiguren,
- magnetische Spielbretter und -figuren, die das Umfallen der Spielfiguren verhindern,
- Kartenspiele mit Kartenhaltern für Mitspieler, die Schwierigkeiten haben, Spielkarten in der Hand zu halten.

Zusätzlich zu diesem Spielangebot besteht für die in der Altenpflege tätigen pädagogischen Kräfte die Möglichkeit, Spiele mit einfachen Regeln und leichter Handhabung selbst herzustellen. Diese haben den Vorteil, dass hier genau die Bedürfnisse und Einschränkungen der Bewohner berücksichtigt werden können (vielleicht ist es sogar möglich, mit den Bewohnern gemeinsam ein Spiel herzustellen).

Bei der Entwicklung einer Spielidee zur Gestaltung eines altengerechten Spieles sind vor allem folgenden Punkte zu beachten:

- Das Spiel muss groß genug und dabei übersichtlich gestaltet werden.
- Das Spielzubehör, wie Spielfiguren, Würfel u. Ä. muss für die älteren Menschen leicht handhabbar sein.
- Die Spielregeln müssen einfach, kurz und verständlich verfasst werden.
- Alles, was von den älteren Menschen gelesen werden soll, muss groß und deutlich geschrieben werden (z. B. Zahlen oder Fragkarten).

(vgl. Dunkhorst, 2001, S. 64–66)

66) Domino

Anzahl der Mitspieler:	2–6 Spieler
Spieldauer:	ca. 20 Minuten
Spielort:	Gruppenraum oder Zimmer eines Bewohners
Material:	ein handelsübliches oder ein selbst hergestelltes Dominospiel

Es wird mit Spielsteinen gespielt, die in der Mitte geteilt sind. Auf jeder Spielsteinhälfte befinden sich unterschiedliche Punktwerte von eins bis sechs.

Spielziel ist es, alle vorhandenen Steine, die zuvor gleichmäßig an die Mitspieler verteilt wurden, an Enden mit gleichen Motiven anzulegen, bis kein Spielstein mehr vorhanden ist. Wer zuerst alle Steine abgelegt hat, ist Sieger.

Mögliche Variationen zum Selbstherstellen dieses Spiels

- Gestaltung eines Farbdominospieles,
- Gestaltung eines Tastdominos: Zwei Stoffhälften werden aufeinander- und in der Mitte zusammengenäht. Anschließend werden sie von beiden noch offenen Enden mit bekannten Gegenständen gefüllt (z. B. Sicherheitsnadeln, Styroporkugeln u. Ä.). Nach dem Befüllen werden die Enden ebenfalls zugenäht. Durch Ertasten werden im Spiel die Enden mit gleichen Gegenständen aneinandergelegt. Zur Fehlerkontrolle befinden sich auf den Rückseiten kleine Farbmarkierungen o. Ä.

67) Sprichwörter-Memory

Anzahl der Mitspieler:	2–6 Spieler
Spieldauer:	ca. 20 Minuten
Spielort:	Gruppenraum oder Zimmer eines Bewohners
Material:	ein selbst hergestelltes Memory-Spiel mit Sprichwörtern und entsprechenden Zeichnungen[1] zu den Sprichwörtern (siehe Vorlage S. 66–69))

Es werden verschiedene Sprichwörter und Redensarten auf Karten geschrieben und zur besseren Haltbarkeit mit Folie überklebt oder einlaminiert. Ebenso werden Zeichnungen angefertigt, analog des Sprichwortes und mit Folie überzogen. Es wird versucht, die richtigen Kartenpaare einander zuzuordnen.

Anmerkung:

Bei dieser Art von Spielen geht es weniger um das Besiegen der Mitspieler als vielmehr um die Kommunikation zwischen den Mitspielern und die Anregung der Gedächtnisleistung.

1: Die Bedeutungen der einzelnen Sprichwörter und Redewendungen werden im Anhang aufgeführt.

68) *Europa-Spiel*

Anzahl der Mitspieler:	2 oder 4 Spieler
Spieldauer:	ca. 20 Minuten
Spielort:	Gruppenraum oder Zimmer eines Bewohners
Material:	4 Legeplatten, jeweils 20 Karten mit europäischen Ländern, Hauptstädten, Flaggen und Autokennzeichen (siehe Vorlage S. 70–74)[1]

Die Spieler erhalten die Legeplatten (bei zwei Spielern jeweils zwei, bei vier Spielern jeweils eine). Alle Länderkarten werden dann abwechselnd von den Teilnehmern aus dem Stapel gezogen und auf die Legeplatten verteilt. Nun kann das eigentliche Spiel beginnen:

Alle Kärtchen mit Hauptstädten, Flaggen und Autokennzeichen liegen verdeckt und übersichtlich angeordnet in der Tischmitte. Reihum werden Karten gezogen. Jeder Spieler muss genau schauen und überlegen, ob die gezogene Karte auf eine seiner Legeplatten passt. Hat er eine Karte gezogen, die er keinem „seiner" Länder zuordnen kann, legt er sie zurück in die Tischmitte.

Sieger ist derjenige, der als Erster seine Legeplatten vollständig mit den entsprechenden Karten bestückt hat.

Variation: Sind die Mitspieler mit der Zuordnung der Flaggen überfordert, können diese vor Spielbeginn auch gemeinsam auf die Legeplatten verteilt werden (eventuell auch mithilfe eines Lexikons).

1: Die Länderkarten sollten sich auf der Rückseite farblich von den anderen Karten unterscheiden.

Der Apfel fällt nicht weit vom Stamm	Den Ast absägen, auf dem man sitzt	Ein Brett vor dem Kopf haben
Er kann mir den Buckel herunter-rutschen	Mit jemandem unter einer Decke stecken	Die Flinte ins Korn werfen
Jemandem einen Floh ins Ohr setzen	Wer im Glashaus sitzt, soll nicht mit Steinen werfen	Auf dem Holzweg sein
Für jemanden die Kartoffeln aus dem Feuer holen	Die Katze aus dem Sack lassen	Mit dem Kopf durch die Wand wollen
Krokodilstränen weinen	Morgenstund' hat Gold im Mund	Aus einer Mücke einen Elefanten machen

Nägel mit Köpfen machen	Jemanden an der Nase herumführen	Unter dem Pantoffel stehen
Perlen vor die Säue werfen	Jemandem auf den Schlips treten	Jemandem etwas in die Schuhe schieben
Besser ein Spatz in der Hand, als eine Taube auf dem Dach	Eine Stecknadel im Heuhaufen suchen	Sich an einen Strohhalm klammern
In Teufels Küche kommen	Wie man es in den Wald hineinruft, so schallt es heraus	

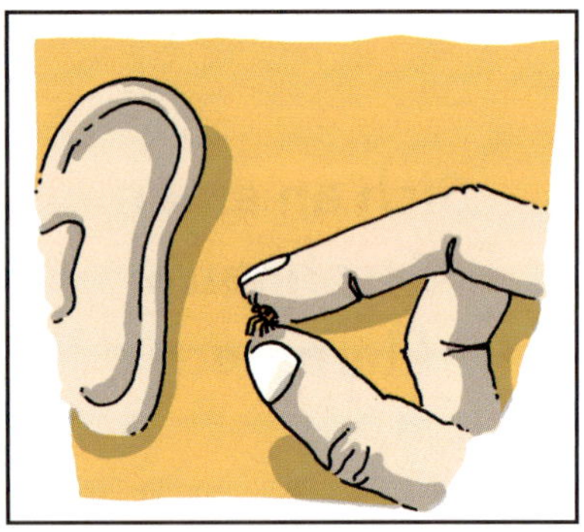

Hallo!
Hallo!

Land	Flagge	Hauptstadt	Autokennzeichen

Belgien		B
Bulgarien	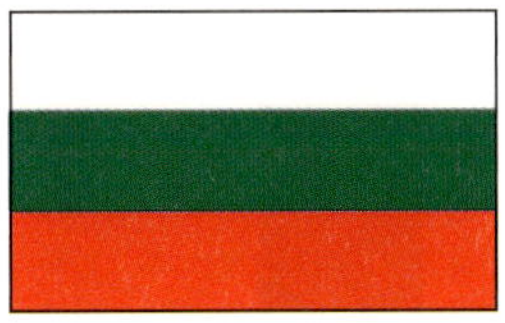	BG
Dänemark		DK
Deutschland		D
Finnland		FIN
Frankreich		F
Griechenland		GR

Großbritannien und Nordirland		GB
Italien		I
Niederlande		NL
Norwegen		N
Österreich		A
Polen		PL
Portugal		P

Rumänien		RO
Schweden		S
Schweiz		CH
Spanien		E
Ungarn		H

✂

Brüssel	Sofia	Kopenhagen
Berlin	Helsinki	Paris
Athen	London	Rom
Wien	Amsterdam/ Den Haag	Oslo
Bukarest	Warschau	Lissabon
Madrid	Stockholm	Bern
Budapest		

69) *Stummer Spieler (Würfelspiel)*

Anzahl der Teilnehmer:	3–8 Spieler	**Spieldauer:**	ca. 30 Minuten
Spielort:	Gruppenraum	**Material:**	ein Würfel, ein Stück Kreide

Zunächst wird in die Mitte des Tisches mit der Kreide ein Kreis gezogen, dann von diesem Kreis ausgehend ein Strich zu jedem der Mitspieler.

Kreide und Würfel werden dann reihum gereicht. Jeder Spieler muss die Zahlen eins bis sechs nacheinander erwürfeln, d. h. zuerst die „1", dann die „2" usw. Hat er die jeweils gewünschte Zahl gewürfelt, schreibt er sie mit der Kreide neben seinen Strich. Wer zuerst bei der „6" angelangt ist, hat gewonnen.

Eine Schwierigkeit gibt es jedoch während des Spiels: Sobald ein Spieler die „1" gewürfelt und neben seinen Strich geschrieben hat, darf er nichts mehr sagen. Spricht er dennoch, muss er die Zahlen fortwischen und beginnt von Neuem.

(vgl. Becker, 2005, S. 69)

70) *Tannenbaum plündern (Würfelspiel)*

Anzahl der Teilnehmer:	4–8 Spieler	**Spieldauer:**	ca. 20 Minuten
Spielort:	Gruppenraum		
Material:	ein Würfel, für jeden Spieler jeweils 21 Kronkorken, Steinchen o. Ä., ein Teller für jeden Spieler		

Jeder Spieler gestaltet aus seinen Kronkorken zu Beginn des Spiels einen Tannenbaum, indem er in die erste Reihe sechs Kronkorken, in die zweite Reihe fünf usw. legt.

Nun wird reihum gewürfelt und der Tannenbaum geplündert. Wenn ein Spieler beispielsweise eine „5" würfelt, nimmt er die Fünferreihe beiseite und legt die Kronkorken auf seinen Teller. Sollte bei einer der nächsten Runden die erwürfelte Reihe schon abgeräumt sein, darf er den Baum eines Mitspielers plündern. Wer zum Schluss die meisten Kronkorken auf seinem Teller hat, ist Sieger.

Anmerkung

In der Weihnachtszeit bietet es sich an, anstatt nur Kronkorken auch einige kleine Süßigkeiten als „Baumschmuck" einzusetzen. Zu Beginn erhält jeder Spieler die gleiche Anzahl und darf sie einsetzen, wo er möchte, z. B. nur in einer Reihe oder auch verteilt. Am Ende des Spiels darf jeder Spieler seinen geplünderten „Baumschmuck" behalten.

71) *Kartenspiel mit Buchstaben*

Anzahl der Mitspieler:	ab 2 Spieler
Spieldauer:	ca. 20 Minuten
Spielort:	Gruppenraum oder Zimmer eines Bewohners
Material:	52 ausgeschnittene quadratische Kärtchen, auf denen jeweils ein Buchstabe steht (d. h., das Alphabet wird zweimal aufgeschrieben)

1. Spielmöglichkeit: Suche nach Doppelwörtern

Alle Kärtchen liegen verdeckt auf dem Tisch. Nacheinander decken die Spieler jeweils zwei Kärtchen auf und bilden aus den Buchstaben ein Wort aus zwei zusammengesetzten Hauptwörtern, z. B. W und T = **W**achs**t**uch, B und B = **B**erufs**b**eratung usw.

Gelingt dies dem Spieler, der an der Reihe ist, darf er die beiden Kärtchen behalten. Sieger ist, wer zum Schluss die meisten Kärtchen gesammelt hat.

2. Spielmöglichkeit: Suche nach Tieren, Namen, Berufen, Städten …

Alle Kärtchen liegen verdeckt auf dem Tisch. Nacheinander decken die Spieler jeweils nur ein Kärtchen auf und suchen nach Tieren, Namen, Berufen, Städten usw., die mit diesem Buchstaben beginnen.

Gelingt dies dem Spieler, der an der Reihe ist, darf er das Kärtchen behalten. Sieger ist, wer zum Schluss die meisten Kärtchen gesammelt hat.

(vgl. Evers, 1994, S. 57)

Anmerkung: Es können einige Buchstaben weggelassen werden, mit denen sich schwer Wörter finden lassen, wie z. B. Y und X.

3.6 Erinnerungsspiele

Jeder Mensch hat eine bestimmte Lebensgeschichte, die geprägt ist von Erlebnissen seiner **Kindheit**, der **geschichtlichen Epoche**, in der er aufwuchs und der **Verarbeitung seiner positiven und negativen Lebenserfahrungen**.
Über die Lebensgeschichte kann man in unterschiedlichsten Situationen ins Gespräch kommen, wie z. B. bei einem Klassentreffen nach 25 Jahren, auf der Parkbank, bei Jubiläumsfeiern usw. Ganz plötzlich werden Erinnerungen an längst vergangene Zeiten geweckt und alle Beteiligten tauschen sich darüber aus.
In der Altenpflege wird diese im Alltag erworbene Fähigkeit des Erzählens über sich und die individuelle Geschichte in der sogenannten „Biografiearbeit" aufgegriffen *(vgl. Blimlinger, 1996, S. 57)*.

Biografiearbeit ist Erinnerungsarbeit. In kleinen Gruppen tauschen ältere Menschen frühere Erlebnisse aus. Es handelt sich bei der Erinnerungsarbeit um eine geplante Tätigkeit, die im organisierten Rahmen stattfindet und meist von einer *sozialpädagogischen Fachkraft* geleitet wird.
(vgl. Köther, 2005, S. 274)

Im Rahmen dieser sogenannten **Biografiestunden** können sozialpädagogische und sozialpflegerische Helfer unterstützend tätig werden, indem sie **Erinnerungsspiele** begleiten oder auch anleiten.
Wichtige Voraussetzungen zur Durchführung dieser Erinnerungsarbeit sind Kenntnisse über einige **Lebensdaten** der Teilnehmer, wie z. B. Geburtstag, früherer Beruf, Familie, Interessen, politische Aktivitäten, sowie bedeutende **historische Daten** aus der Generation der älteren Menschen.
Damit die individuellen Daten der älteren Menschen historisch einzuordnen sind, hat es sich bewährt, eine Zeitleiste zur Hand zu haben, die Angaben über die wichtigsten zeitgeschichtlichen Ereignisse enthält.[1]

72) *Brettspiel: Lebensereignisse*

Anzahl der Teilnehmer: 3–6 Spieler pro Gruppe **Spieldauer:** bis zu 2 Stunden
Spielort: Gruppenraum
Material: kleine Kärtchen, ein Stift für jeden Teilnehmer, Würfel, Spielfiguren, Tischplatte als Spielfeld

Zunächst werden Gruppen von drei bis sechs Teilnehmern gebildet. Jeder Teilnehmer erhält einen Stift und kleine Kärtchen. Jeder Einzelne notiert einige bedeutsame Lebensereignisse (auf jedes Kärtchen ein Ereignis), an die er gerne zurückdenkt oder auch solche, die er am liebsten vergessen würde.
Dann legt die Gruppe alle Kärtchen der Teilnehmer zu einem Kreis, einer Spirale o. Ä. zusammen, wie man es von fertigen Brettspielen kennt.
Ein Spieler beginnt zu würfeln und kommt mit der Spielfigur auf eine Karte. Er nimmt Stellung zu dem beschriebenen Ereignis, indem er es aus seiner Sicht erzählt und versucht, die anderen in das Gespräch einzubeziehen. Anschließend wird die Karte aus dem Spiel genommen.
Das Spiel kann abgebrochen werden, wenn alle Spieler am Ende des Spielweges angelangt sind oder auch schon früher. Dies ist vom Interesse und der Konzentrationsfähigkeit aller Teilnehmer abhängig.
(vgl. Becker, 2005, S. 24)

1: siehe hierzu auch die Zeitliste mit historischen Daten im Anhang

73) Die ELTERNHAUS-Methode

Anzahl der Teilnehmer:	3–8 Spieler	**Dauer:**	20–30 Minuten
Ort:	Aufenthaltsraum		
Material:	einzelne Buchstaben des Wortes „Elternhaus" auf DIN-A4-Bögen, vorbereitete Fragen		

Alle Teilnehmer sitzen am Gruppentisch, auf welchem sich vermischt die einzelnen Buchstaben des Wortes „Elternhaus" auf Pappen befinden. Die Leitung bittet die Teilnehmer, das Wort zusammenzusetzen und beginnt dann mit Fragen zu den einzelnen Buchstaben:

E: Wo haben Sie früher EINKÄUFE erledigt?

L: Welches war Ihr LIEBLINGSESSEN? Wer hat es gekocht?

T: Hatten Sie TIERE? Welche waren das? Wer hat die Tiere versorgt?

E: Wer war für Ihre ERZIEHUNG zuständig? Was hat man von Ihnen als Kind erwartet? Erinnern Sie sich noch an bestimmte Verbote, Strafen?

R: An welche REISEN können Sie sich erinnern? Sind Sie gerne verreist?

N: Wer hat Ihren NAMEN bestimmt? Was verbinden Sie mit Ihrem Namen?

H: Welche Vorstellungen von HYGIENE haben Sie in Ihrer Kindheit kennengelernt? Wann und wo wurde z. B. damals gebadet?

A: Wo befand sich Ihr ARBEITSPLATZ?

U: Welchen UNFUG haben Sie oder Kinder, mit denen Sie befreundet oder verwandt waren, angestellt?

S: Welche SCHULEN haben Sie besucht? Welche SPIELE haben Sie gespielt?

(vgl. Joppig, 2009, S. 82)

74) Über Kinderfotos ins Gespräch kommen

Anzahl der Teilnehmer:	ab 8 Spieler	**Dauer:**	ca. 20 Minuten
Ort:	Aufenthaltsraum	**Material:**	jeweils ein Kinderfoto jedes Teilnehmers

Alle sitzen im Kreis und haben einen Umschlag mit einem Kinderfoto von sich in der Hand. Die Leitung sammelt alle Fotos ein, dann werden sie wieder neu verteilt. Jeder öffnet den Umschlag, schaut sich das Foto genau an und versucht, es dem Eigentümer zuzuordnen, wobei die anderen auch mitraten dürfen.
Hat jeder sein Foto zurückerhalten, wird in der Runde über die eigene Kindheit gesprochen.

(vgl. Baer, 1995, S. 209)

Die Leitung kann zu den Fotos auch gezielte Fragen stellen, wie z. B.:

- Wie alt waren Sie, als dieses Foto gemacht wurde?
- Was haben Sie in diesem Alter gerne gespielt?
- Haben Sie lieber alleine oder mit anderen Kindern gespielt?
- Erinnern Sie sich noch an bestimmte Spiele?
- Was war Ihr Lieblingsspielzeug?
- Welche Schule haben Sie damals besucht?
- An welches Erlebnis in der Schule können Sie sich noch gut erinnern?

75) Das Kofferspiel

Anzahl der Teilnehmer: ab 4 Spieler **Dauer:** ca. 20 Minuten
Ort: Aufenthaltsraum
Material: ein großer Koffer mit mittelgroßen Gegenständen zu einem ausgewählten Thema

In dem Koffer befinden sich Gegenstände zu einem bestimmten Thema. Den Teilnehmern wird zunächst Gelegenheit gegeben, sich diese Gegenstände in Ruhe anzusehen. Dann darf sich jeder einen Gegenstand nehmen, der ihn an ein bestimmtes Ereignis früherer Zeiten erinnert. Wer möchte, erzählt von diesem Erlebnis.

Hier einige Anregungen, was zu bestimmten Themen in den Koffer gepackt werden kann:

- **Thema „Kinderspiele":** Springseil, Gummitwist, Murmeln, Jojo, Kreisel ...
- **Thema „Küchengeräte":** Teigschüssel-Löffel, Kochlöffel, Fleischklopfer, Teigroller, Schürze, Dosenöffner ...
- **Thema: Hausmittel:** Stoffwindeln, Wärmflasche, Rizinusöl, Zinksalbe, Kamilleblüten ...
- **Thema „Sonntagskleidung":** Klappzylinder, Spitzentaschentuch, Fliege, Kragen, Handtasche, Seidenschal, Stola ...
- **Thema „Hausarbeit":** Schuhwichse, Scheuerbürste, Weckgläser, Kernseife, Wäschestärke ...
- **Thema „Handwerksgeräte":** Zollstock, Hammer, Nägel, Schrauben, Muttern, Gewinde ...

(vgl. Ruhe, 1998, S. 120 f.)

4 Die 10-Minuten-Aktivierung

76) Aktivierungsbogen „Murmeln"
77) Aktivierungsbogen „Knöpfe"
78) Aktivierungsbogen „Schulutensilien"
79) Aktivierungsbogen „Farbtäfelchen"
80) Aktivierungsbogen „Wolle"
81) Aktivierungsbogen „Tücher"

Die 10-Minuten-Aktivierung ist eine sinnvolle Beschäftigungsmethode für an **Demenz erkrankte Menschen** in Heimen oder zu Hause. Sie wurde von der Aktivierungstherapeutin Ute Schmidt-Hackenberg entwickelt.
Mithilfe einfacher Materialien werden Erinnerungen wachgerufen, mit denen dann in einer Kurzzeitaktivierung gearbeitet werden kann.

Materialien aus der Erinnerungswelt der demenzerkrankten Senioren befinden sich z. B. in einem durchsichtigen Beutel. Ein Anleitungsbogen zum jeweiligen Thema ist nützlich, damit jederzeit in dem zeitlich knappen Betreuungsalltag hierauf zurückgegriffen werden kann. Materialbeutel und Anleitungsbogen werden deshalb an einem festen Ort aufbewahrt.

Der Inhalt des Beutels wird ausgepackt, und der Betreuer beginnt die Einheit mit einem Gespräch oder einer kleinen Unterhaltung über die Gegenstände. Diese regen die älteren Menschen zum Reden oder auch nur zum Betrachten an.

Es schließen sich kleinere körperaktivierende Übungen an. Diese werden bewusst hinzugenommen, weil bewiesen ist, dass Bewegung wichtig für die Tätigkeit des Gehirns ist.

Den Abschluss bildet der Übergang zum Mittagessen o. Ä. Der Betreuer bringt den Beutel und den Anleitungsbogen zurück in den Schrank.
(vgl. Schmidt-Hackenberg, 1996, S. 17–39)

76) Aktivierungsbogen „Murmeln"

Material: durchsichtiges Säckchen mit vielen unterschiedlichen Murmeln

1. Gespräch über Murmeln

- Durch das knisternde Säckchen und das Klackern der aneinanderschlagenden Murmeln wird die Aufmerksamkeit der Bewohner geweckt. Einige Murmeln scheinen durch den leicht durchsichtigen Plastikbeutel hindurch.
- Der Inhalt wird auf ein Tuch gelegt. Jeder Bewohner wählt eine Murmel aus.

Mögliche Gesprächsimpulse:

- Wie heißen die kleinen Kugeln? Welche unterschiedlichen Namen kennen wir? (Murmeln, Knicker, Klucker, Schusser, Picker usw.)
- Aus welchem Material sind sie? (Glas, Ton)
- Welche finde ich besonders schön?

Das Gespräch kann dann auf frühere Erlebnisse gelenkt werden, wie z. B. „So habe ich mit Murmeln gespielt", „Ich hatte früher auch anderes Spielzeug", „Ich habe am liebsten draußen/drinnen gespielt ...", „Meine Spielkameraden waren ..."

2. Körperaktivierende Übungen mit Murmeln

Folgende Übungen können mit den Murmeln durchgeführt werden:

- eine Murmel von der einen Hand in die andere geben,
- dem Nachbarn eine Murmel geben, seine Murmel annehmen,
- Murmeln nach Größe sortiert auf das Tuch legen,
- ein Muster mit mehreren Murmeln legen,
- gemeinsam einen Murmelkreis legen,
- Murmeln zu einem bestimmten Ziel rollen,
- Murmel auf dem Handrücken zum Nachbarn weiterreichen,
- immer eine große und eine kleine Murmel nebeneinanderlegen lassen,
- zwei Murmeln leicht aneinanderschlagen und so einen Rhythmus klopfen.

77) *Aktivierungsbogen „Knöpfe"* (auch für bettlägerige Bewohner geeignet)

Material: durchsichtiges Säckchen mit vielen verschiedenen Knöpfen

1. Gespräch über Knöpfe

- Der Bewohner kann durch das durchsichtige Säckchen einige Knöpfe erkennen, sodass seine Aufmerksamkeit geweckt wird.
- Die Knöpfe werden auf das Betttischchen gelegt, anschließend wird ein Gespräch über den Inhalt des Beutels geführt.

Mögliche Gesprächsimpulse:

- Wie heißen die einzelnen Knöpfe? (Druckknöpfe, Mangelknöpfe, Hirschhornknöpfe, Glasknöpfe, Hornknöpfe, Knebelknöpfe)
- Für welche Kleidungs- oder Wäschestücke wurden welche Knöpfe verwendet? (**Druckknöpfe** für Hosen, Blusen, Kleider ..., **Mangelknöpfe** für Bettwäsche, **Hirschhornknöpfe** für Trachtenmoden usw.)
- Welche Knöpfe gibt es heute eher seltener?
- Wie stelle ich mir die Kleidungs- und Wäschestücke vor, an denen sich diese Knöpfe befunden haben?

Dann kann das Gespräch auf früher gelenkt und der Bewohner mit gezielten Fragen zum Erzählen eigener Erlebnisse angeregt werden, wie z. B. „Welche Kleidungs- und Wäschestücke habe ich selbst besessen?", „Wo habe ich früher Knöpfe gekauft?", „Habe ich selbst genäht?" usw.

2. Leichte körperaktivierende Übungen mit Knöpfen

- Die Knöpfe auf dem Betttischchen der Größe nach sortieren.
- Den schönsten Knopf heraussuchen, auf ein Stück Stoff nähen, um ihn behalten zu können.

78) *Aktivierungsbogen „Schulutensilien"*

Material: Schulranzen mit Schiefertafel, Schwämmchen, Griffel, Fibel, Kreide, Rechenrahmen, Schulheft, Schwämmchen für jeden Teilnehmer

1. Gespräch über Schulutensilien

- Die Aufmerksamkeit der Bewohner wird durch den Schulranzen, der in der Mitte liegt, geweckt.
- Die Leiterin öffnet den Ranzen und legt den Inhalt aus.
- Jeder, der möchte, nimmt sich ein Teil seiner Wahl (Prinzip der Freiwilligkeit),

Mögliche Gesprächsimpulse:

- Was haben Sie für einen Gegenstand ausgewählt? Wozu brauchte man diesen in der Schule?
- Aus welchem Material besteht die Tafel?
- Wie lange haben Sie eine Tafel benutzt?
- Hatten Sie auch ein solches Schwämmchen oder vielleicht ein selbst gemachtes Läppchen?
- Haben Sie auch mit einem Rechenrahmen gerechnet?
- Wie sah Ihre Fibel aus?
- Wem haben Sie daraus vorgelesen?
- Was wurde noch in der Schule gemacht?
- Erinnern Sie sich noch an ein Lied oder Gedicht aus Ihrer Schulzeit?

2. Körperaktivierende Übungen

- Jeder darf einen Buchstaben auf die Tafel schreiben.
- In der Luft werden Schwungübungen durchgeführt, z. B. als wolle man ein großes „O" schreiben, eine „1" o. Ä.
- Jeder erhält ein Schwämmchen, nimmt es in eine Hand und drückt es zusammen, erst mit rechts, dann mit links.
- Es werden „Wischbewegungen" in der Luft durchgeführt.
- Alle Schwämmchen werden in eine Reihe gelegt.
- Der Schulranzen wird gemeinsam wieder eingepackt.

79) *Aktivierungsbogen „Farbtäfelchen"*

Material: Kasten mit jeweils 7 Farbtäfelchen, die von hell bis dunkel aufgrund ihrer Mischung mit Weiß abgestuft sind, z. B. in den Farben Gelb, Rot, Blau, Grün, Braun

1. Gespräch über Farben

- Jeder Teilnehmer erhält 7 Farbtäfelchen einer Farbrichtung, legt sie vor sich hin und lässt die Farben auf sich wirken.
- Wer kann und möchte, benennt die dunkelste und die hellste Farbe, die er erhalten hat, z. B. „Dunkelblau" und „Hellblau", „Rot" und „Rosa" usw.
- Dann erfolgt ein Gespräch über Farben.

Mögliche Gesprächsimpulse:

- Erinnern Sie sich an ein Kleidungsstück, das eine ähnliche Farbe hatte wie eines der Farbtäfelchen?
- Welches war und ist ihre Lieblingsfarbe?
- Erinnern Sie die Farbtäfelchen der anderen Teilnehmer auch an ein Kleidungsstück, ein Kissen o. Ä., das sie besaßen?
- Können Sie sich erinnern, welche Farben bestimmte Dinge hatten, die Sie auf Ihren alten Schwarz-Weiß-Fotos sehen?
- Haben Sie früher selbst mit Farben gearbeitet, z. B. gemalt oder gestrickt?
- Wenn Sie jetzt einen bunten Pullover oder ein farbenfrohes Bild gestalten könnten, welche Farben würden Sie auswählen?

2. Körperaktivierende Übungen

- Eine Farbreihe vom dunkelsten bis zum hellsten Farbton legen,
- Kleine Gegenstände im Raum suchen (erreichbare!) und zu der Farbreihe legen,
- aus allen Farbtäfelchen gemeinsam eine Farbspirale legen,
- aus allen Farbtäfelchen eine „Sonne" mit bunten Strahlen legen,
- die Täfelchen in den Kasten zurücklegen.

80) *Aktivierungsbogen „Wolle"*

Material: ein Jutebeutel mit vielen verschiedenen Wollresten

Hinführung zum Thema

Der Jutebeutel wir herumgereicht und die Bewohner werden aufgefordert, ihn von außen zu befühlen, um den Inhalt zu erraten. Hilfreiche Hinweise:

- Die Dinge in diesem Beutel sind alle gleich, sie werden zum Gestalten benutzt, und es gibt sie in verschiedenen Farben.
- Die Dinge sind oft sehr weich und man kann daraus Pullover und Schals herstellen.

1. Gespräch über Wolle

Mögliche Gesprächsimpulse:

- Was fällt Ihnen ein, wenn Sie die Wolle in der Hand halten und hin und her bewegen?
- Haben Sie früher häufiger etwas aus Wolle getragen?
- Um welches Kleidungsstück handelte es sich?
- Haben Sie selbst auch etwas aus Wolle hergestellt? Wenn ja, für wen haben sie etwas gestrickt oder gehäkelt?
- Können Sie sich noch an Ihren Lieblingspullover aus Wolle erinnern?

2. Körperaktivierende Übungen in Form einer Geschichte

- Das Wollknäuel in der einen Hand halten und mit der anderen Hand den Faden ein wenig auseinanderziehen (*„Das ist der Wurm Manfred, unser Gymnastikbegleiter"*).
- Das Wollknäuel in eine Hand nehmen und mit der anderen Hand den Faden aufwickeln und die Arme über dem Kopf strecken *(„Manfred ist müde und streckt sich")*.
- Den Faden hinten auf die Schulter legen und loslassen *(„Er legt sich auf einen Ast und schläft ein")*.
- Das Wollknäuel in eine Hand nehmen und mit der anderen Hand den Faden aufwickeln *(„Manfred träumt, dass er auf Reisen geht.")*.
- Das Wollknäuel mit beiden Händen festhalten, die Arme langsam hin und her und nach oben bewegen *(„Er fliegt in einem Heißluftballon, der vom Wind geschaukelt wird und immer höher steigt"*.
- Die Arme mit dem Wollknäuel und dem etwas gelösten Faden langsam senken und auf den Schoß fallen lassen (*„Er landet an einem Sandstrand"*).
- Das Wollknäuel wieder in der einen Hand halten und mit der anderen Hand den Faden ein wenig auseinanderziehen und langsame Wellenbewegungen ausführen *(„Manfred beschließt, im Meer zu schwimmen und sich von den Wellen hin und her treiben zu lassen")*.

- Das Wollknäuel wieder in eine Hand nehmen und mit der anderen Hand den Faden aufwickeln und die Arme langsam nach oben bewegen (*„Manfred möchte nun wieder nach Hause und steigt in seinen Heißluftballon."*).
- Die Arme langsam senken und das Wollknäuel wieder in den Schoß legen (*„Jetzt ist er gelandet und wieder zu Hause"*).
- Das Wollknäuel wieder in der einen Hand halten und mit der anderen Hand den Faden ein wenig auseinanderziehen (*„Er streckt sich noch ein letztes Mal und freut sich, so schön geträumt zu haben"*).

81) Aktivierungsbogen „Tücher"

Material: ein Jutebeutel mit vielen verschiedenen Halstüchern aus unterschiedlichem Material

In der Mitte steht eine geöffnete Kiste mit vielen verschiedenen bunten Tüchern aus unterschiedlichem Material.

1. Gespräch über Tücher

Mögliche Gesprächsimpulse:

- Aus welchem Material besteht Ihr selbst ausgewähltes Halstuch (Polyester, Seide, Baumwolle ...)?
- Haben Sie oder hat jemand aus Ihrer Familie früher Halstücher getragen?
- Zu welchen Anlässen wurden sie getragen?
- Haben Sie Halstücher auch zu einem anderen Zweck als zum Tragen benutzt?
- Können Sie sich an eines Ihrer Tücher erinnern?
- Welche Erinnerung verbinden Sie mit Ihrem Lieblingstuch?

2. Körperaktivierende Übungen

- Das Tuch in beide Hände nehmen und ausschütteln,
- das Tuch von einer Hand in die andere geben,
- das Tuch als Kopftuch verwenden,
- das Tuch um den Hals legen,
- das Tuch zu einem langen Streifen falten, um den Kopf legen und zuknoten,
- das Tuch wieder aufknoten,
- mit dem Tuch winken,
- das Tuch vor sich legen und ordentlich zur Mitte falten, dann nochmals falten,
- alle gefalteten Tücher in die Kiste zurücklegen.

5 Werken und Gestalten

82) *Seidenmalerei*
83) *Flechteinsätze für Teegläser*
84) *Collage aus verschiedenen Papiersorten*
85) *Wachsbatik-Karte*
86) *Bildgestaltung aus Muscheln und Naturmaterialien*
87) *Strohstern*
88) *Windlicht aus Wachspapier*
89) *Transparent-Weihnachtsstern*
90) *Stoffdruck*
91) *Lichterkette*

Angebote im Bereich Werken und Gestalten tragen dazu bei, dass ältere Menschen ihre vorhandenen feinmotorischen Fähigkeiten und Fertigkeiten erhalten und fördern und vor allem ihr Selbstwertgefühl stärken, wenn sie ihr fertiges Produkt betrachten. Werden die Werke dann noch ausgestellt oder auf einem Basar verkauft, erfahren die Senioren soziale Anerkennung, die ihnen zeigt, dass andere ihre Arbeiten ebenfalls würdigen.
Der Herstellungsprozess selbst ermöglicht ihnen, Kontakte zu anderen Bewohnern aufzunehmen, mit ihnen ins Gespräch zu kommen und gemeinsam die früheren Interessen im werktechnischen Bereich aufleben zu lassen.
(vgl. Evers, 1994, S. 76 f.)

Techniken

Konkrete Bastelanleitungen finden sich in zahlreichen Bastelbüchern, die in Büchereien in großer Zahl zu finden sind. Auf diese Bestände sollte bei der Auswahl konkreter Angebote zurückgegriffen werden, da Werk- und Bastelbücher häufig sehr teuer sind. Zudem gilt es als erwiesen, dass das Interesse an einem bestimmten Angebot dem Trend der aktuellen Zeit unterworfen ist. Wenn vor 20 Jahren noch eine sehr große Nachfrage an Makrameearbeiten (z. B. zum Gestalten von Blumenampeln) bestand, findet man heute eher Anleitungen für dekorative Lichterketten, Windlichter usw. (vgl. Dunkhorst, 2001, S. 176 f.).

Da ältere Menschen jedoch auch gerade die traditionellen Techniken mögen und die Leitung hierdurch an Altvertrautem anknüpfen kann, sollten möglichst unterschiedliche Angebote gemacht werden.

82) Seidenmalerei

Material: ein weißes Seidentuch (ca. 90 x 90 cm), Seidenmalfarbe, die durch Bügeln fixiert wird, mehrere Pinsel, unterschiedlich hohe Wassergläser, grobkörniges Salz

Bei dieser Seidenmalereitechnik wird das nasse Seidentuch auf mehrere, unterschiedlich hohe Wassergläser gelegt. Mit leichtem Fingerdruck wird die Mitte fixiert. In die Mitte jedes Glases wird dann grobkörniges Salz gestreut. Mit einem Pinsel oder einer Pipette wird Farbe aufgetragen, die aufgrund der unterschiedlichen Höhen der Gläser verläuft. Das Tuch bleibt so lange auf den Gläsern liegen, bis es trocken ist und wird dann zum Fixieren von links gebügelt.

83) Flechteinsätze für Teegläser

Material: ca. 7 m dünnes Korbflechtmaterial (Peddigrohr), Teeglas

Bei dieser Technik wird sehr dünnes Korbflechtmaterial zunächst eingeweicht. Es werden zehn Flechtrohre waagerecht und darüber zehn Flechtrohre senkrecht gelegt. (Länge der Flechtrohre: ca. 25 cm). Mit einem weiteren Flechtrohr entsteht durch Flechten zunächst ein Untersetzer. Dann wird die Arbeit hochgedrückt und so lange geflochten, bis der Einsatz für das Teeglas die gewünschte Höhe hat (hier wurde zwischendurch mit dem Flechten ausgesetzt, um ein bestimmtes Muster zu erhalten).

84) Collage aus verschiedenen Papiersorten

Material: ein weißer Papierbogen (DIN A4), Pack- und Schmirgelpapierreste, Dekorblüten, Klebstoff

Verschiedene Pack- und Schmirgelpapiersorten werden für diese Collage gerissen und nach Belieben aufgeklebt. Zwei Dekorblüten dienen als Farbtupfer.

85) Wachsbatik-Karte

Material: Architekten- oder Butterbrotpapier, Wellpappe, Cuttermesser, Bleistift, Lineal, Wachsmalstifte, Bügeleisen, Klebstoff

Es wird zunächst ein Stück Wellpappe in der Größe 30 x 15 cm ausgeschnitten und in der Mitte gefaltet. Um einen Rahmen zu erhalten, hinter den man das Wachsbild kleben kann, wird mithilfe des Cuttermessers aus einer Kartenseite mittig ein Quadrat ausgeschnitten, das ca. 3 cm kleiner ist als diese Kartenseite.
Für die weitere Herstellung der Karte wird mit Wachsmalkreide auf das Architektenpapier gemalt, das dann auf niedriger Stufe von links gebügelt wird, damit die Farben verschwimmen, wodurch hübsche Strukturen entstehen. Das fertige Bild wird hinter den Rahmen der Karte geklebt.

Anmerkung: Mithilfe dieser Technik lassen sich auch Bilder, Windlichter und Aufsätze für Lichterketten gestalten.

86) Bildgestaltung aus Muscheln und Naturmaterialien

Material: eine grundierte Leinwand mit Keilrahmen (40 x 40 cm), Acrylfarben, Pinsel, Tesakrepp, Muscheln und anderes Naturmaterial

Um Quadrate in verschiedenen Farben möglichst exakt aufmalen zu können, wird schrittweise gearbeitet. Dazu werden die Quadrate zunächst auf der Leinwand dünn mit Bleistift vorgezeichnet. Dann wird das jeweils auszumalende Quadrat am Rand mit Tesakrepp umklebt, die Farbe aufgetragen und getrocknet.
Der Rand wird ebenfalls auf diese Weise sauber gearbeitet. Sind alle Quadrate aufgemalt, können die Naturmaterialien nach Belieben aufgeklebt werden.

87) Strohstern

Material: 8 flache Strohhalme (ca. 20 cm lang oder 4 x 20 cm und 4 x 10 cm), Heißklebepistole, goldener oder silberner Faden zum Aufhängen, Schere

- Die Strohhalme werden eingeweicht, an einer Seite aufgeschnitten und gebügelt.
- Zwei Strohhalme werden in der Mitte zu einem Kreuz zusammengelegt und festgeklebt.
- Dann werden zwei weitere Strohhalme, die ebenfalls ein Kreuz bilden, leicht versetzt über das erste Kreuz gelegt und festgeklebt.
- Nach Belieben wird dieser Vorgang wiederholt (für einen fülligen Stern benötigt man vier mal vier Strohhalme).
- Die Ecken der Halme werden in der gewünschten Form abgeschnitten.
- Zum Schluss wird ein dünnes Gold- oder Silberband zum Aufhängen befestigt.

88) *Windlicht aus Wachspapier*

Material: ein DIN-A4-Bogen buntes Wachspapier, Schere, Klebstoff, dünnes doppelseitiges Klebeband

Anmerkung

Diese etwas schwierige Falttechnik eignet sich für Senioren, die feinmotorisch noch recht geschickt sind.

Um das Windlicht herzustellen sind folgende Faltschritte erforderlich (siehe auch Abbildung auf der folgenden Seite):

1. An einer der Schmalseiten wird das Blatt ca. 1 cm umgeknickt und festgeklebt.
2. Von dieser Seite aus wird die Arbeit einmal zur Mitte gefaltet (Buch) und dann wieder geöffnet.
3. Beide Schmalseiten werden nacheinander zur Mitte gefaltet (Schrank) und die Arbeit dann wieder geöffnet.
4. Nun liegt die Arbeit mit der Basislinie (eine der längeren Seiten) vor uns. Eine Ecke wird so weit zur gegenüberliegenden Schmalseite gezogen, bis die Basislinie genau auf die Linie 1 (siehe Zeichnung) trifft, die Arbeit wird wieder geöffnet.
5. Nun wird die Ecke so weit zur gegenüberliegenden Schmalseite gezogen, bis die Basislinie genau auf die Linie 2 (siehe Zeichnung) trifft, die Arbeit wird wieder geöffnet.
6. Nun wird die Ecke so weit zur gegenüberliegenden Schmalseite gezogen, bis die Basislinie genau auf die Linie 3 (siehe Zeichnung) trifft, die Arbeit wird wieder geöffnet.
7. Auf diese Art werden die weiteren drei Ecken auf die entsprechenden drei Linien gefaltet, bis ein gleichmäßiges Muster (siehe Zeichnung) zu erkennen ist.
8. Nun liegt die Arbeit mit der Basislinie wieder vor uns:
   - Die Basislinie wird so weit nach oben gezogen, bis sie auf die drei unteren Eckpunkte der oberen Quadrate trifft.
   - Die Arbeit wird wieder geöffnet und so gedreht, dass die andere lange Seite Basislinie ist.
   - Auch diese wird, wie zuvor beschrieben, nach oben gezogen und gefaltet.
9. In der unteren Quadratreihe werden die Seitenlinien der Quadrate eingeschnitten und dann ineinandergeschoben und angeklebt.
10. Dann wird das Windlicht noch an der Seite mit sehr dünnem doppelseitigen Klebeband zusammengeklebt.
11. Damit es seine schöne Form erhält, werden die Quadrate jeweils in der Mitte leicht angedrückt.

Anmerkung

Dieses Windlicht kann auch mit Plätzchen gefüllt und verschenkt werden oder man stellt ein kleines Glas mit Blumen hinein, sodass es z. B. als dekorative Vase (siehe Abbildung oben) den Kaffeetisch schmückt.

Faltschritte „Windlicht"

Schritt 1

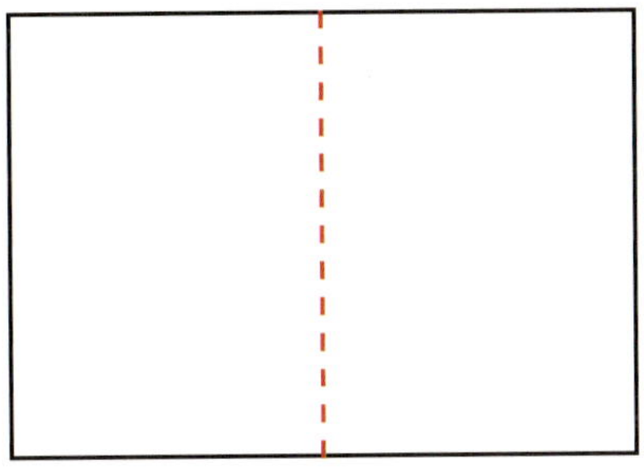
Schritt 2

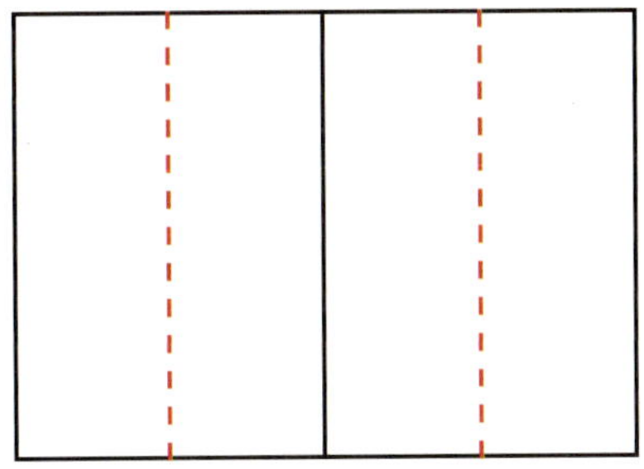
Schritt 3

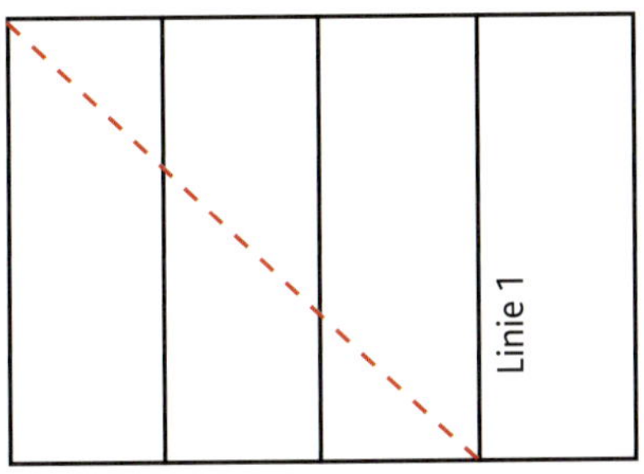

Schritt 4

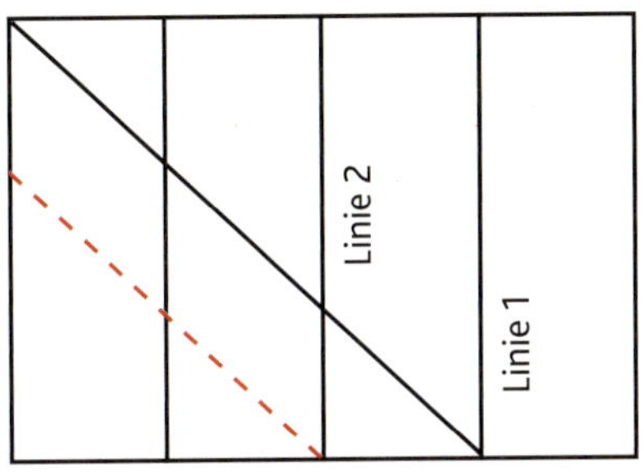

Schritt 5

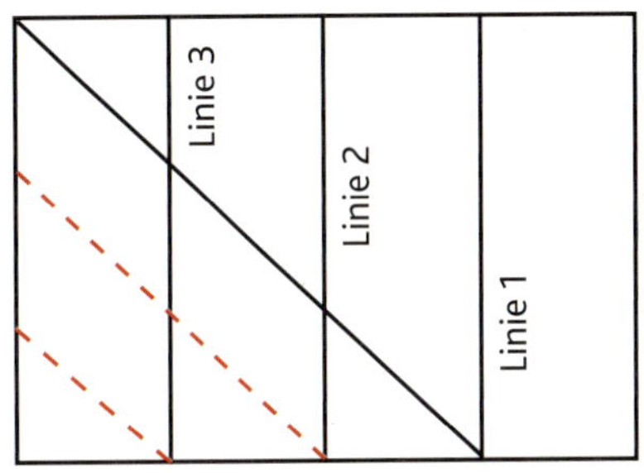

Schritt 6

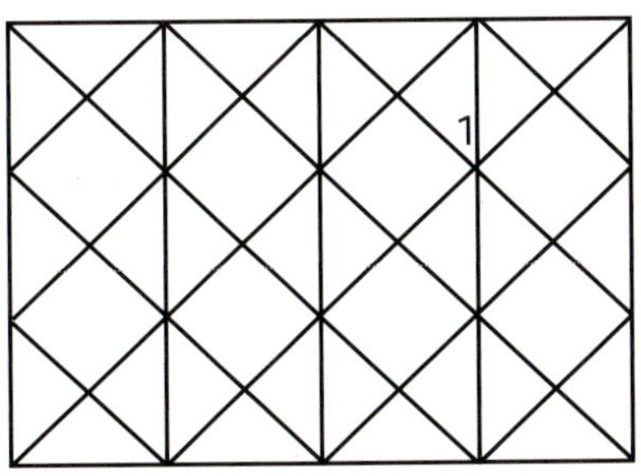

Schritt 7

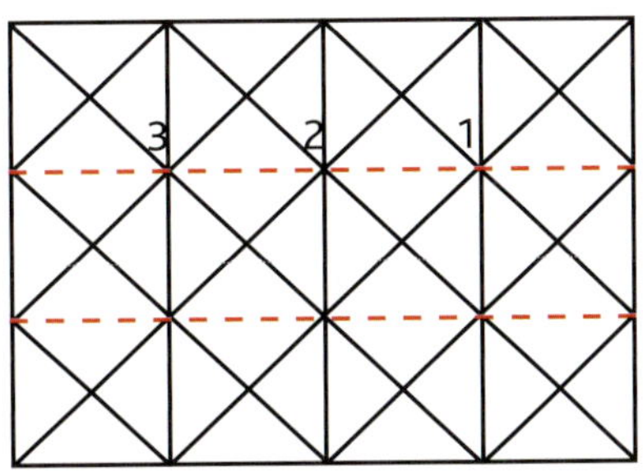

Schritt 8

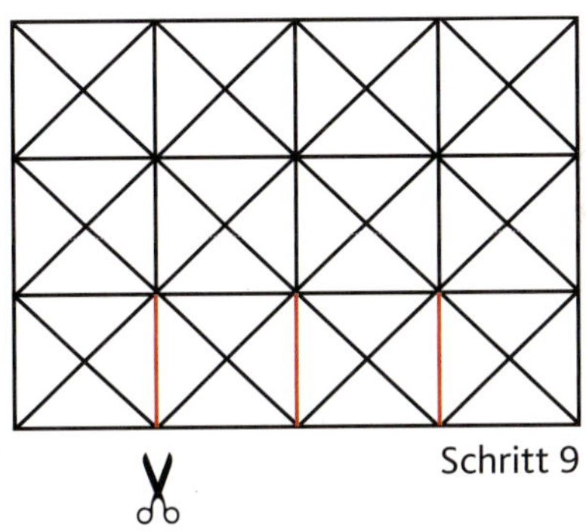
Schritt 9

89) *Transparent-Weihnachtsstern*

Material: 8 vorbereitete Streifen aus Transparentpapier (ca. 15 x 20 cm), Tesafilm

Dieser Faltstern ist recht einfach herzustellen. Nacheinander werden folgende Faltschritte ausgeführt:

1. Jeder Streifen wird von der langen Seite ausgehend in der Mitte gefaltet (Buch), dann wird die Arbeit wieder geöffnet.
2. Alle Ecken werden zur Mittellinie gefaltet.
3. Die vier schrägen Außenseiten werden ebenfalls zur Mittellinie gefaltet.
4. Zum Schluss werden die entstandenen Rauten mit Tesafilmstreifen zu einem Stern verbunden.

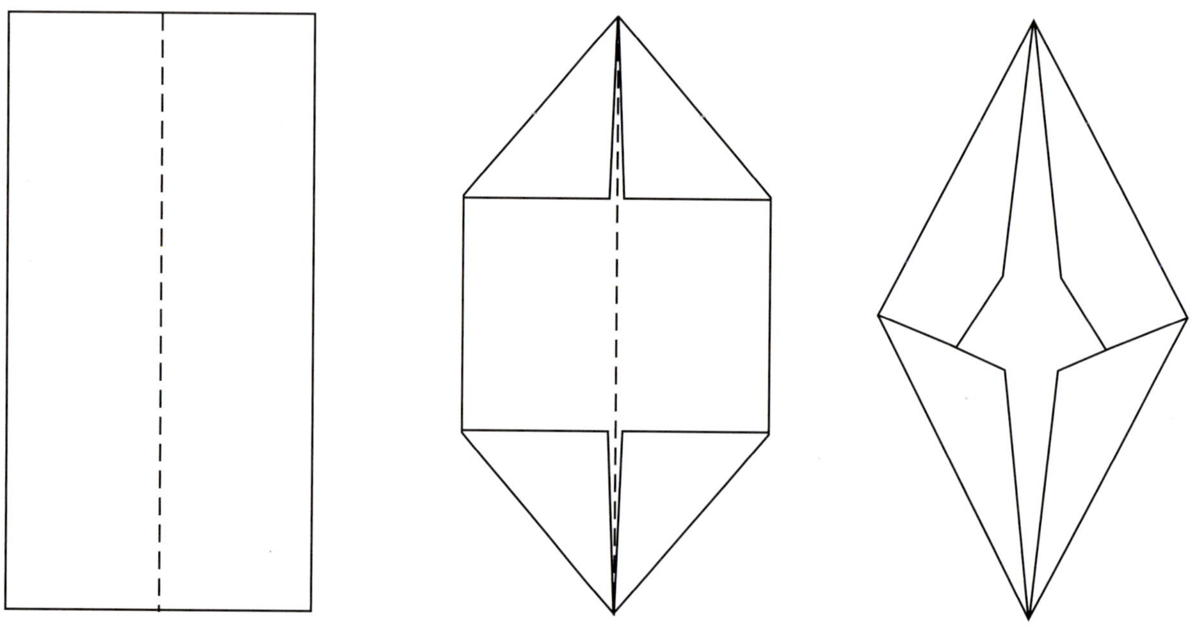

90) Stoffdruck

Material: Korken, Moosgummireste, Cuttermesser, Stoffmalfarben, Pinsel, Stoff zum Bedrucken

Auf die Moosgummireste werden nach Belieben Motive aufgemalt, wie z. B. zur Jahreszeit passende Symbole oder Obst (siehe Vorlagen). Diese Motive werden mit einem Cuttermesser ausgeschnitten und auf die Korken geklebt, damit sie gut handhabbar sind. Die so entstandenen Stempel werden mit Farbe bestrichen und auf Deckchen, Tischdecken o. Ä. gedruckt.

91) *Lichterkette*

Material: Wachspapier, Schere, Klebstoff, Lichterkette

Mithilfe der abgebildeten Schablone werden Lampenschirmchen in der gewünschten Anzahl auf buntes Wachspapier übertragen und ausgeschnitten. Nach Belieben kann dann der Rand z. B. in Wellenform geschnitten werden, oder es werden Motive mit einem kleinen Lochstempel in die Lampenschirmchen gestanzt.

Die Schirmchen werden dann zusammengeklebt oder mit einem Tacker zusammengeklemmt. Damit diese nicht von den Kerzen abrutschen, empfiehlt es sich, sie schon während des Arbeitsvorganges an der Lichterkette zu befestigen.

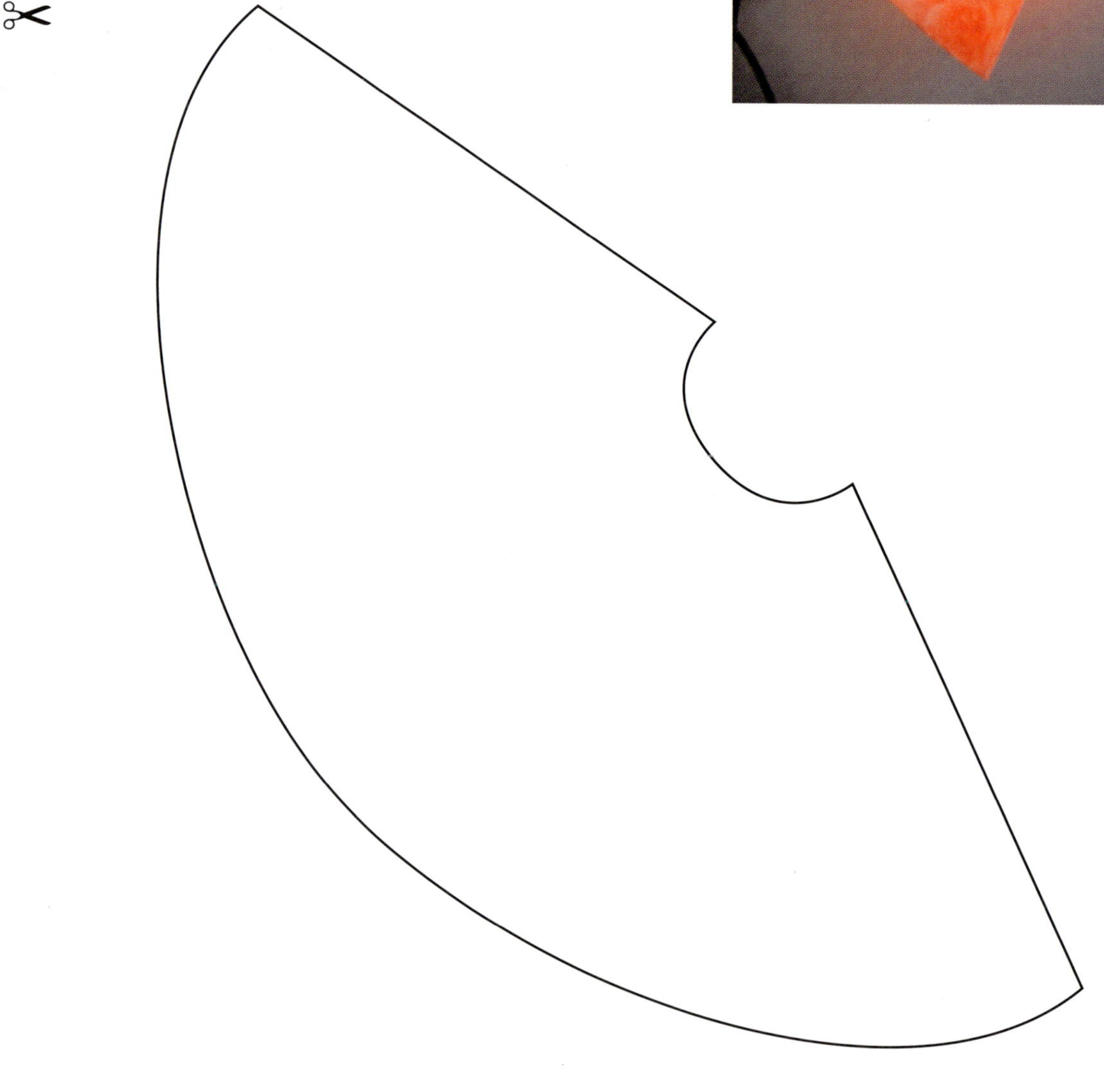

6 Musik mit älteren Menschen

Da Musik Gefühle im Menschen ansprechen kann, auch wenn dieser mit körperlichen und geistigen Einschränkungen leben muss, bewirkt richtig ausgewählte Musik bei passiven und aktiven Bewohnern gleichermaßen Positives:

Psychische Wirkung der Musik

Richtig ausgewählte Musik kann fröhlich stimmen, entspannend und beruhigend wirken oder auch helfen, weniger erfreuliche Gefühle auszudrücken.

Ältere Menschen können ihr Selbstwertgefühl stärken, wenn sie z. B. durch das Mitsingen eines bekannten Liedes erfahren, welche Fähigkeiten und Fertigkeiten sie trotz erlebter Einschränkungen noch haben .

Selbst an Demenz erkrankte Bewohner können sich zum Teil gut an Text und Melodie bekannter Volkslieder erinnern, die sie früher oft und gerne gesungen haben. So wird eine Vielzahl von Erinnerungen wachgerufen, wodurch der Zugang zur Biografie eines Menschen erleichtert werden kann.

Soziale Wirkung der Musik

Durch gemeinsames Singen, Musizieren und Bewegen zur Musik (z. B. bei Sitztänzen) stellen Bewohner Kontakte untereinander her.

Hören oder singen Bewohner bekannte Melodien, werden Erinnerungen an Erlebnisse der Kindheit und Jugend geweckt, und es entsteht der Wunsch, sich über diese Erlebnisse auszutauschen (z. B.: wo früher getanzt wurde, welche Filmmusik beliebt war, wo und wann bestimmte Lieder gesungen wurden).

Beim Musizieren haben ältere Menschen in Einrichtungen der Altenhilfe zudem die Möglichkeit, sich zu unterhalten, ohne miteinander zu sprechen (= nonverbale Kommunikation). So können auch sprachlich beeinträchtigte Menschen gut in eine Gruppenaktivität einbezogen werden.[1]

Körperliche Wirkungen der Musik

Manche Musikstücke oder Lieder können die Bewohner zu spontanen Bewegungen, wie Klatschen und Klopfen mit Fingern und Füßen, animieren. Dabei werden häufig die vorhandenen körperlichen Einschränkungen und Schmerzen für kurze Zeit vergessen.

Müssen die zwei Tätigkeiten „Singen“ und „Bewegen“ gleichzeitig ausgeführt werden, wie dies z. B. Bewegungslieder verlangen, fördern die älteren Menschen zudem ihre Konzentrations- und Koordinationsfähigkeit.

Häufiges Singen verbessert Atmung und Stimme. Viele Bewohner atmen zu flach, was durch Bewegungseinschränkungen insbesondere bei Bettlägerigkeit noch verstärkt wird. So werden ihre Lungen nicht genügend durchlüftet und es entsteht leicht die Gefahr, an einer Lungenentzündung zu erkranken. Singen kann als gutes Atemtraining eingesetzt werden, da automatisch viel tiefer eingeatmet wird (vgl. Harms/Dreischulte, 1998, S. 7 ff.).

Während der *Durchführung* einer Liederrunde sollte beachtet werden, dass die ausgewählten Lieder nicht nur nacheinander „heruntergesungen“ werden, sondern die Gruppenstunde mit thematisch passenden kleinen Einlagen aufgelockert wird, wie z. B. durch ein Liederquiz, bei welchem die Leiterin ein Lied anspielt und die Gruppe den Titel errät oder weitersingt, einem passenden Gedicht, einer kleinen Geschichte, Bewegungen zur Musik u. Ä.

1: Ein solches musikalisches Angebot sollte nur bei entsprechenden musikalischen Vorkenntnissen durchgeführt werden.

6.1 „Ein neuer Tag wartet auf mich“

92) *Planung: Musikstunde „Ein neuer Tag wartet auf mich“*[1]

Hinführung zum Thema

- ***Begrüßung und Vorstellen des Themas*** „Ein neuer Tag wartet auf mich“
- ***Morgengebet***, wie z. B.:

„Gott,
ein neuer Tag wartet auf mich,
mit seinen Stunden,
vielen Minuten
und unzähligen Sekunden.
Aber in jedem Augenblick weiß ich,
dass du da bist
und mich begleitest.“
(überliefert)

Hauptteil

- ***Musik hören:*** Edvard Grieg: Morgenstimmung aus „Peer Gynt“.

Mögliche Gesprächsimpulse:

- Woran denken Sie, wenn Sie diese Musik hören? Welche Bilder/Vorstellungen kommen Ihnen in den Sinn?
- Haben Sie diese Musik schon einmal gehört? Wenn ja, wann und wo?
- Kennen Sie den Titel dieses Musikstücks?
- Wenn Sie mögen, versuchen Sie, die Melodie mitzusummen.
- ***Lied singen:*** Wach auf mein Herz und singe (siehe Nr. 93)
- ***Gespräch:*** Den Teilnehmern wird angeboten zu erzählen, wie sie den Morgen früher begonnen haben, wenn sie arbeiten gehen mussten, aber auch, wenn sie Urlaub hatten.
- ***Lied singen:*** „Im Frühtau zu Berge“ (siehe Nr. 94)

Ruhiger Ausklang

- **Schluss ankündigen**
- ***Abschlusslied (Kanon):*** „Bruder Jakob“ (siehe Nr. 95)
- ***Verabschiedung und Frage nach Anregungen und Wünschen für die nächste Musikstunde***
- ***Mögliche Ergänzungen:*** Lieder „Lobe den Herren“, „Großer Gott, wir loben Dich“

1: *Dieses Angebot eignet sich insbesondere für ältere Menschen, die sehr religiös sind.*

93) *Wach auf mein Herz und singe* (Volkslied, überliefert)

2. So sollst du nun vollenden dein Werk an mir und senden,
   der mich an diesem Tage auf seinen Händen trage.

3. Sprich ja zu meinen Taten, hilf selbst das Beste raten,
   den Anfang, Mitt und Ende, ach Herr zum Besten wende.

94) *Im Frühtau zu Berge*

(Text: Walter Hensel, Melodie aus Schweden/Olaf Thunmann, Rechte: Bärenreiter Verlag, Kassel)

2. Ihr alten und hochweisen Leut’, fallera, ihr denkt wohl, wir wärn nicht gescheit, fallera. /:Wer wollte aber singen, wenn wir schon Grillen fingen in dieser herrlichen Frühlingszeit. :/

3. Werft ab alle Sorgen und Qual, fallera, und wandert mit uns aus dem Tal, fallera. /: Wir sind hinausgegangen, den Sonnenschein zu fangen. Kommt mit und versucht es doch auch einmal. :/

95) *Bruder Jakob* *(Volkslied, überliefert)*

6.2 „Jetzt fängt das schöne Frühjahr an"

96) Musikstunde „Jetzt fängt das schöne Frühjahr an"

Hinführung zum Thema

- ***Begrüßung und Vorstellen des Themas***: „Jetzt fängt das schöne Frühjahr an"
- ***Lied singen:*** „Jetzt fängt das schöne Frühjahr an" (siehe Nr. 97)

Hauptteil

- ***Musik hören:*** Antonio Vivaldi: Der Frühling, Allegro (Vier Jahreszeiten).

Mögliche Gesprächsimpulse:

- Kennen Sie den Titel dieses Musikstücks?
- Woran denken Sie, wenn Sie diese Musik hören? Welche Bilder/Vorstellungen kommen Ihnen in den Sinn?
- Welche Instrumente hören Sie heraus?
- ***Malen nach Musik:*** Das Musikstück wird nochmals vorgespielt. Wer möchte, kann auf ein DIN-A3-Blatt mit Wachsmalkreide dazu malen.
- ***Lied singen (Kanon):*** „Es tönen die Lieder" (siehe Nr. 98)
- ***Lied singen:*** „Alle Vögel sind schon da" (siehe Nr. 99)
- **Musik hören:** „Veronika, der Lenz ist da" (Comedian Harmonists)

Mögliche Gesprächsimpulse:

- Haben Sie diesen Schlager früher schon einmal gehört?
- Kennen Sie diese Musikgruppe?
- Möchten Sie das Lied vielleicht mitsummen oder mitsingen?

Ruhiger Ausklang

- **Schluss ankündigen**
- ***Abschlusslied:*** „Ich bin das ganze Jahr vergnügt" (siehe Nr. 100)
- ***Verabschiedung und Frage nach Anregungen und Wünschen für die nächste Musikstunde***
- ***Mögliche Ergänzung:*** Lied singen: „Nun will der Lenz uns grüßen"

97) *Jetzt fängt das schöne Frühjahr an* *(Volkslied aus dem Reinland, überliefert)*

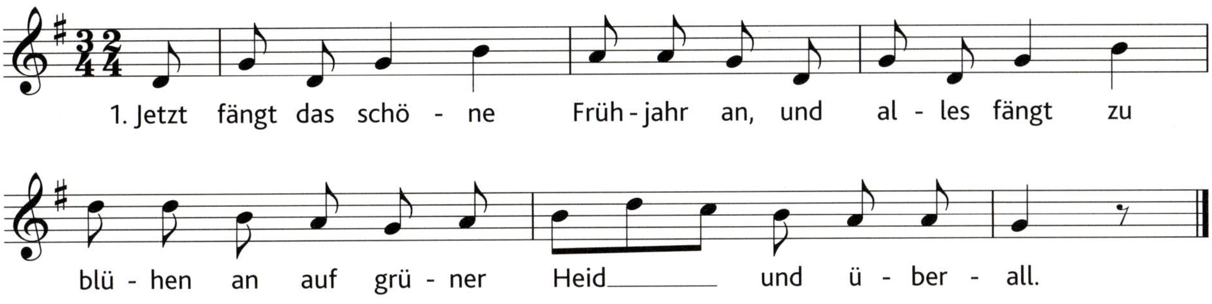

2. Es blühen Blümlein auf dem Feld,
sie blühen weiß, blau, rot und gelb,
es gibt nichts Schöners auf der Welt.

3. Jetzt geh ich über Berg und Tal,
da hört man schon die Nachtigall
auf grüner Heid und überall.

98) *Es tönen die Lieder* *(Volkslied, überliefert)*

99) *Alle Vögel sind schon da* *(Text: Heinrich Hoffmann von Fallersleben, Schlesische Volksweise)*

2. **Wie sie alle lustig sind,**
flink und froh sich regen!
Amsel, Drossel, Fink und Star
und die ganze Vogelschar
wünschen dir ein frohes Jahr,
lauter Heil und Segen.

3. **Was sie uns verkünden nun,**
nehmen wir zu Herzen
Wir auch sollen lustig sein,
lustig wie die Vögelein,
hier und dort feldaus, feldein,
singen, springen, scherzen.

100) *Ich bin das ganze Jahr vergnügt* *(Volkslied, überliefert, Werte nach F. D. Schubart)*

2. Und kommt die liebe Sommerzeit;
wie hoch ist da mein Herz erfreut,
wenn ich vor meinem Acker steh
/: und soviel tausend Ähren seh! :/

3. Rückt endlich Erntezeit heran,
dann muss die blanke Sense dran;
dann zieh ich in das Feld hinaus
/: und schneid und fahr die Frucht nach Haus. :/

4. Im Herbst schau ich die Bäume an,
seh Äpfel, Birnen, Pflaumen dran.
Und sind sie reif, so schüttl' ich sie.
/: So lohnet Gott des Menschen Müh'! :/

5. Und kommt die kalte Winterszeit,
dann ist mein Häuschen überschneit;
das ganze Feld ist kreideweiß
/: und auf der Wiese nichts als Eis. :/

6. So geht's jahraus, jahrein mit mir;
Ich danke meinem Gott dafür
und habe immer frohen Mut
/: und denke: Gott macht alles gut. :/

6.3 „Eine Seefahrt, die ist lustig"

101) Musikstunde „ Eine Seefahrt, die ist lustig"

Hinführung zum Thema

- ***Begrüßung und Vorstellen des Themas***: „Eine Seefahrt, die ist lustig"
- ***Lied singen***: „Eine Seefahrt, die ist lustig" (Nr. 102)

Hauptteil

- ***Musik hören***: „Am Sonntag will mein Süßer mit mir segeln gehen" (Weintraubs Syncopators).

Mögliche Gesprächsimpulse:

- Kennen Sie den Titel dieses Musikstücks?
- Sind Sie früher selbst Boot gefahren? Wissen Sie noch, in welchen Gewässern? (Alle Teilnehmer erhalten Gelegenheit, von eigenen Erlebnissen zu erzählen)
- ***Lied singen***: „Jetzt fahrn wir übern See" (siehe Nr. 103). Die Teilnehmer werden darauf hingewiesen, dass beim Refrain zuerst das letzte Wort, dann das vorletzte Wort usw. weggelassen wird.
- ***Bewegungslied***: „Ein kleiner Matrose" (nach der Melodie „Der Mai ist gekommen", siehe Nr. 102a und 102 b). Die Leiterin fordert die Teilnehmer auf, in der ersten Runde nur mitzusingen und auf die Bewegungen zu achten, die sie vormacht. In einer zweiten Runde führen die älteren Menschen dann ebenfalls die Bewegungen mit aus.

Ruhiger Ausklang

- **Schluss ankündigen**
- ***Musik hören zum Abschluss***: „Das kann doch einen Seemann nicht erschüttern" (Heinz Rühmann, Hans Brausewetter, Josef Sieber). Den älteren Menschen wird angeboten, dieses Lied mitzusingen oder mitzusummen.
- ***Verabschiedung und Frage nach Anregungen und Wünschen für die nächste Musikstunde***
- ***Mögliche Ergänzungen:*** Hören weiterer Seemannslieder, wie z. B. „Das ist die Liebe der Matrosen" (Comedian Harmonists); „Auf der Reeperbahn nachts um halb eins" (Hans Albers)

(vgl. Dunkhorst, 2001, S. 109)

102) *Eine Seefahrt, die ist lustig* *(Volkslied, überliefert)*

2. Jeden Morgen um halb sechse heißt es: „Reise, reise, reise!“ Überall zurrt Hängematten nach der alten Seemannsweise. /: Hollahi, hollaho, Hollahia, hia, hia, hollahia, hollaho, :/ ho.

3. Und man hat sich dann gewaschen, und man denkt, nun bist du rein, kommt so'n Bootsmannsmaat der Wache: „Wasch dich noch einmal, du Schwein! /: Hollahi, hollaho, Hollahia, hia, hia, hollahia, hollaho, :/ ho.

4. Unser Kapitän, der Dicke, kaum drei Käse ist er groß, auf der Brücke eine Schnauze, wie `ne Ankerklüse groß. /: Hollahi, hollaho, Hollahia, hia, hia, hollahia, hollaho, :/ ho.

5. Und der erste Maschinist, ist kein Jude, ist kein Christ, unser erster Offizier, der trägt Wäsche von Papier. /: Hollahi, hollaho, Hollahia, hia, hia, hollahia, hollaho, :/ ho.

6. In der einen Hand den Ölpott, in der andern Hand den Twist, und dazu die große Schnauze, fertig ist der Maschinist. /: Hollahi, hollaho, Hollahia, hia, hia, hollahia, hollaho, :/ ho.

7. In des Bunkers tiefsten Gründen, zwischen Kohlen ganz versteckt, pennt der allerfaulste Stoker, bis der Obermaat ihn weckt. /: Hollahi, hollaho, Hollahia, hia, hia, hollahia, hollaho, :/ ho.

8. „Komm mal rauf, mein Herzensjunge, komm mal rauf, du altes Schwein, nicht mal Kohlen kannst du trimmen, und ein Stoker willst du sein?/: Hollahi, hollaho, Hollahia, hia, hia, hollahia, hollaho,: / ho.

9. Und er haut ihn vorn Dassel, dass er in die Kohlen fällt und die heiligen zwölf Apostel für 'ne Räuberbande hält. /: Hollahi, hollaho, Hollahia, hia, hia, hollahia, hollaho, :/ ho.

10. Und im Heizraum bei 'ner Hitze von fast über fünfzig Grad, muss der Stoker feste schwitzen, und im Luftschacht sitzt der Maat. /: Hollahi, hollaho, Hollahia, hia, hia, hollahia, hollaho, :/ ho.

11. Mit der Fleischback schwer beladen, schwankt der Seemann über Deck, doch das Fleisch ist voller Maden, läuft ihm schon von selber weg. /: Hollahi, hollaho, Hollahia, hia, hia, hollahia, hollaho, :/ ho.

12. Und der Koch in der Kombüse ist 'ne dicke faule Sau, mit de Beene ins Gemüse, mit de Arme in Kakau. /: Hollahi, hollaho, Hollahia, hia, hia, hollahia, hollaho, :/ ho.

13. Und die kleinen weißen Möwen, die erfüllen ihren Zweck, denn sie stn, stn, stn, auf das frischgewaschne Deck. /: Hollahi, hollaho, Hollahia, hia, hia, hollahia, hollaho, :/ ho.

103) *Jetzt fahrn wir übern See* *(Volkslied aus Nordböhmen, 1891, überliefert)*

2. /:Und als wir drüber warn, drüber warn und als wir drüber :/ – warn,
/: da sangen alle Vöglein, Vöglein, Vöglein, Vöglein,
da sangen alle Vöglein, der helle Tag brach :/ - an.

3. /: Der Jäger rief ins Horn, rief ins Horn, der Jäger rief ins :/ - Horn.
Da bliesen alle Jäger, Jäger, Jäger, Jäger,
da bliesen alle Jäger, ein jeder in sein :/ - Horn.

104) *Bewegungslied „Ein kleiner Matrose"* *(Verfasser unbekannt, Melodie: W. Lyra)*

104 b) Bewegungen zum Lied: „Ein kleiner Matrose"

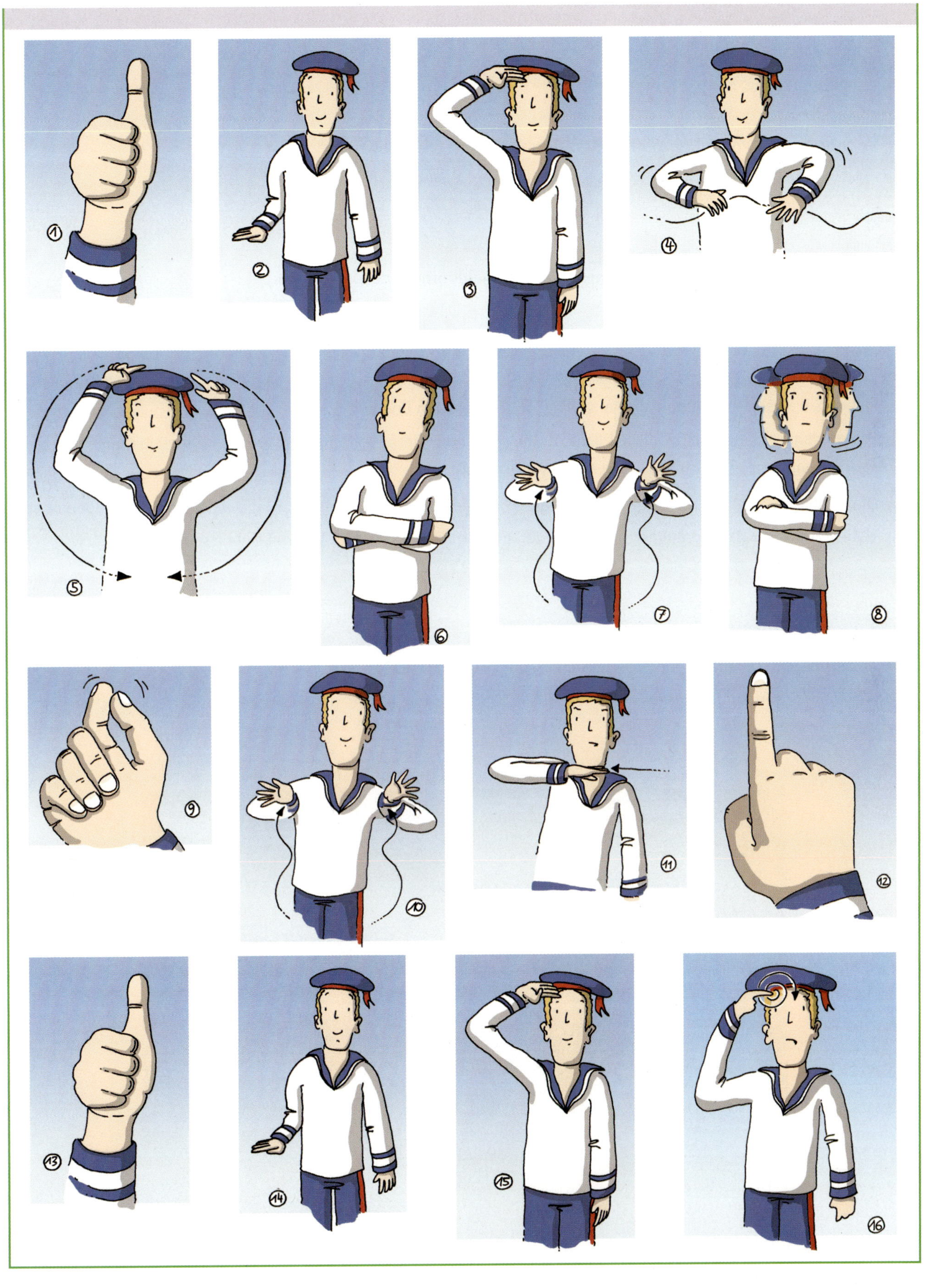

6.4 „Trara, das tönt wie Jagdgesang"

105) Musikstunde „Trara, das tönt wie Jagdgesang"

Hinführung zum Thema

- ***Begrüßung und Vorstellen des Themas***: „Trara, das tönt wie Jagdgesang"
- ***Lied (Kanon) singen:*** „Trara, das tönt wie Jagdgesang" (siehe Nr. 106)

Hauptteil

- ***Musik hören:*** Josef Zilch: Hubertusmesse für vier Waldhörner und Orgel (Kyrie)

Mögliche Gesprächsimpulse:

- Welche Instrumente hören Sie aus diesem Musikstück heraus?
- Haben Sie diese Musik schon einmal gehört? Wenn ja, wann und wo?
- Woran denken Sie, wenn Sie diese Musik hören? Welche Bilder/Vorstellungen kommen Ihnen in den Sinn?
- ***Lied singen:*** „Ein Jäger aus Kurpfalz" (siehe Nr. 107)
- Die Teilnehmer werden aufgefordert zu erzählen, ob sie schon einmal an einer Jagd teilgenommen haben oder vielleicht im Schützenverein aktiv waren. Jeder, der möchte, kann von eigenen Erlebnissen berichten.

Ruhiger Ausklang

- ***Schluss ankündigen***
- ***Abschlusslied:*** „Der Jäger längs dem Weiher ging" (siehe Nr. 108)
- ***Mögliche Ergänzungen:*** Hören weiterer Musikstücke aus der Hubertusmesse oder ähnlicher festlicher Jagdmusik

106) *Trara, das tönt wie Jagdgesang (Kanon)* (Ludwig van Beethoven)

107) *Ein Jäger aus Kurpfalz* (Volkslied, überliefert)

2. **Auf, sattelt mir mein Pferd und legt darauf den Mantelsack,**
   so reit ich weit umher als Jäger aus Kurpfalz.
   Refrain: **Juja, juja ...**

3. **Jetzt geh ich nicht mehr heim, bis dass der Kuckuck „Kuckuck" schreit.**
   Er schreit die ganze Nacht, allhier auf grüner Heid.
   Refrain: **Jaja, juja ...**

108) *Der Jäger längs dem Weiher ging* *(Volkslied, überliefert)*

2. Was raschelt in dem Grase dort? …
   Was flüstert leise fort und fort? Refrain: …

3. Was ist das für ein Untier doch?…
   Hat Ohren wie ein Blocksberg hoch! Refrain: …

4. Das muss fürwahr ein Kobold sein! …
   Hat Augen wie Karfunkelstein! Refrain: …

5. Der Jäger furchtsam um sich schaut …
   Jetzt will ich's wagen – o, mir graut! Refrain: …

6. O Jäger lass die Büchse ruhn …
   Das Tier könnt dir ein Leides tun! Refrain: …

7. Der Jäger lief zum Wald hinaus, …
   Verkroch sich flink im Jägerhaus. Refrain: …

8. Das Häschen spielt im Mondenschein, …
   Ihm leuchten froh die Äugelein. Refrain: …

6.5 „Lebe wohl, gute Reise"

109) Musikstunde „Lebe wohl, gute Reise"

Hinführung zum Thema

- ***Begrüßung und Vorstellen des Themas:*** „Lebe wohl, gute Reise"
- ***Musik hören:*** „Lebe wohl, gute Reise" (Comedian Harmonists)

Die Leiterin erläutert, dass beim Abschiednehmen verschiedene Gefühle aufkommen können, wie z. B.:

- ***Angst*** vor der Zeit ohne den Freund, den geliebten Menschen, vielleicht auch vor dem Alleinsein für eine kurze oder längere Zeit oder für immer, aber auch
- ***Freude***, wenn man sich endlich von bestimmten Situationen verabschieden kann, wie z. B. von der Schule, vom Militärdienst u. Ä.

Die Leiterin erklärt dann weiter, dass es in der heutigen Stunde um die zweite Form von Abschied gehen soll und fragt nach eigenen Erlebnissen der älteren Menschen:
„Erinnern Sie sich noch an Abschiede, auf die Sie sich eigentlich gefreut haben, denen Sie aber dennoch mit gemischten Gefühlen entgegensahen?"

Hauptteil

- ***Bewegungslied*** „Muss i denn zum Städele hinaus (Liedtext, siehe Nr. 110)

Die Bewohner sitzen sich paarweise in Stuhlreihen gegenüber, sodass sich die gegenübersitzenden Partner die Hände reichen können.

Liedtext	*Bewegung*
Muss i denn, muss i denn zum Städtele hinaus, Städele hinaus	Alle führen Marschierbewegungen mit den Händen auf den Oberschenkeln im Wechsel rechts und links aus.
und du, mein Schatz, bleibst hier.	Die Partner klatschen die Handflächen aneinander.
Wenn i komm, wenn i komm, wenn i wiederum komm, wiederum komm,	Alle führen Marschierbewegungen mit den Händen auf den Oberschenkeln im Wechsel rechts und links aus.
kehr i ein, mein Schatz, bei dir.	Die Partner klatschen die Handflächen aneinander.
Kann i auch nit allweil bei dir sein, han i doch mein' Freud an dir.	Die Partner fassen sich an den Händen an und schieben die Hände im Wechsel rechts/links vor und zurück.
Wenn i komm, wenn i komm, wenn i wiederum komm, wiederum komm,	Alle führen Marschierbewegungen mit den Händen auf den Oberschenkeln im Wechsel rechts und links aus.
kehr i ein, mein Schatz, bei dir.	Die Partner klatschen die Handflächen aneinander.

(vgl. Harms/Dreischulte, 1998, S. 186)

- ***Sitztanz:*** Goodbye Johnny von P. Kreuder oder ähnliche Jazzschlager

Aufstellung: Die Bewohner sitzen im Kreis.

Tanzbeschreibung:

Vorspiel: mit den Füßen leicht auf den Boden tippen

Teil A: (Goodbye Johnny, goodbye Johnny ...):
- im Wechsel das rechte und linke Bein ausstrecken (zweimal),
- *Folgendes dreimal durchführen:*

In die Hände klatschen, mit der rechten Hand an die linke Schulter tippen, in die Hände klatschen, mit der linken Hand an die rechte Schulter tippen.

Teil B: (Bricht uns auch heut' das Herz entzwei, in 100 Jahren ist alles vorbei):
schunkeln

Ruhiger Ausklang

- ***Schluss ankündigen***
- ***Lied singen***: Nehmt Abschied Brüder (siehe Nr. 111)
- ***Mögliche Ergänzungen:*** Sitzcharleston „Goodbye my Lady Love (Harms/Dreischulte, 1998, S. 188/189); Musik hören und mitsingen „Sag beim Abschied leise Servus" (Willi Forst)

(vgl. Harms/Dreischulte, 1998, S. 183)

110) *Muss i denn, muss i denn zum Städtele hinaus* *(Volkslied, überliefert)*

2. Wie du weinst, wie du weinst, dass ich wandere muss, wandere muss, wie wenn d'Lieb jetzt wär vorbei; sind auch drauß', sind auch drauß' der Mädele viel, Mädele viel, lieber Schatz i bleib dir treu. Denk' du net, wenn i 'ne andre seh', so sei mei Lieb' vorbei; sind auch drauß', sind auch drauß' der Mädele viel, Mädele viel, lieber Schatz, i bleib dir treu.

3. Übers Jahr, übers Jahr, wenn mer Träubele schneid't, Träubele schneid't, stell i hier mi wiedrum ein; bin i dann, bin i dann dein Schätzele noch, Schätzele noch, so soll die Hochzeit sein. Übers Jahr, da ist mein Zeit vorbei, do g'hör i mein und dein, bin i dann, bin i dann dein Schätzele noch, Schätzele noch, so soll Hochzeit sein.

111) *Nehmt Abschied, Brüder*

(Melodie nach einem schottischen Volkslied „Should and Syne", dt. Text: Claus Ludwig Laue, Rechte: Georgs-Verlag, Neuss)

2. Die Sonne sinkt, es steigt die Nacht, vergangen ist der Tag. Die Welt schläft ein, und leis erwacht der Nachtigallen Schlag.
   Refrain: Der Himmel ...

3. So ist in jedem Anbeginn das Ende nicht mehr weit. Wir kommen her und gehen hin und mit uns geht die Zeit.
   Refrain: Der Himmel ...

4. Nehmt Abschied Brüder, schließt den Kreis, das Leben ist ein Spiel. Nur wer es recht zu leben weiß, gelangt ans große Ziel.
   Refrain: Der Himmel ...

6.6 „Leise rieselt der Schnee"

112) Musikstunde „Leise rieselt der Schnee"

Hinführung zum Thema

- ***Begrüßung und Vorstellen des Themas:*** „Leise rieselt der Schnee"
- ***Lied singen:*** „Leise rieselt der Schnee" (siehe Nr. 113)

Hauptteil

- ***Geschichte vorlesen:*** z. B. „Eine Wintergeschichte" (Max Bolliger), (siehe Nr. 115)
- ***Sitztanz*** „Jingle Bells" (Weihnachtslied aus Nordamerika)
- **Aufstellung:** Die Bewohner sitzen sich paarweise in Stuhlreihen gegenüber.

Tanzbeschreibung:

Teil A:

Die Partner fassen sich an die Hände und strecken im Rhythmus der Musik einmal den rechten und einmal den linken Arm aus (sägen).

Teil B:

Pro Takt wird einmal in die eigenen Hände und einmal an die Hände des Partners geklatscht.

Aufbau:

Formteile	Vorspiel	A	B	A	B	A	B
Takte	2	8	8	8	8	8	8

(vgl. Harms/Dreischulte, 1998, S. 186)

- ***Musik hören:*** „Die musikalische Schlittenfahrt" von Leopold Mozart
  Die Leiterin informiert die Bewohner darüber, dass Leopold Mozart diese Melodie im Winter schrieb und fordert sie auf, genau auf die Musik zu hören, um später mitteilen zu können, woran sie diese Melodie erinnert.
- ***Lied singen:*** „Schneeflöckchen, Weißröckchen" (siehe Nr. 114)

Ruhiger Ausklang

- ***Schluss ankündigen***
- ***Sitztanz mit dem Schwungtuch:*** „Schneewalzer"
  Die Teilnehmer sitzen im Kreis und halten mit einer Hand oder beiden Händen das Schwungtuch fest. Die Leiterin legt weiße leichte Bälle aus Styropor oder ähnlichem Material auf das Schwungtuch. Die Teilnehmer bewegen diese mit leichten Wellenbewegungen zur Musik hin und her.
- ***Mögliche Ergänzungen:*** Singen einiger bekannter Advents- oder Weihnachtslieder

113) Leise rieselt der Schnee *(Melodie: Eduard Ebel)*

2. In den Herzen ist's warm,
still schweigt Kummer und Harm,
Sorge des Lebens verhallt:
Refrain: **Freue dich, 's Christkind kommt bald.**

3. Bald ist heilige Nacht,
Chor der Engel erwacht,
hört nur, wie lieblich es schallt:
Refrain: **Freue dich, 's Christkind kommt bald.**

114) Schneeflöckchen, Weißröckchen *(Volkslied, überliefert)*

2. Komm, setz dich ans Fenster,
du lieblicher Stern,
malst Blumen und Blätter,
wir haben dich gern.

3. Schneeflöckchen, du deckst uns
die Blümelein zu,
dann schlafen sie sicher
in himmlischer Ruh.

4. Schneeflöckchen, Weißröckchen,
komm zu uns ins Tal,
dann baun wir den Schneemann
und werfen den Ball.

115) Eine Wintergeschichte

Es war einmal ein Mann. Er besaß ein Haus, einen Ochsen, eine Kuh, einen Esel und eine Schafherde. Der Junge, der die Schafe hütete, besaß einen kleinen Hund, einen Rock aus Wolle, einen Hirtenstab und eine Hirtenlampe.

Auf der Erde lag Schnee. Es war kalt und der Junge fror. Auch der Rock aus Wolle schützte ihn nicht.

„Kann ich mich in deinem Haus wärmen?", bat der Junge den Mann.

„Ich kann die Wärme nicht teilen. Das Holz ist teuer", sagte der Mann und ließ den Jungen in der Kälte stehen.

Da sah der Junge einen großen Stern am Himmel. Was ist das für ein Stern?, dachte er. Er nahm seinen Hirtenstab, seine Hirtenlampe und machte sich auf den Weg.

„Ohne den Jungen bleibe ich nicht hier", sagte der kleine Hund und folgte seinen Spuren.

„Ohne den Hund bleiben wir nicht hier", sagten die Schafe und folgten seinen Spuren.

„Ohne die Schafe bleibe ich nicht hier", sagte der Esel und folgte ihren Spuren. „Ohne den Esel bleibe ich nicht hier", sagte die Kuh und folgte seinen Spuren. „Ohne die Kuh bleibe ich nicht hier", sagte der Ochse und folgte ihren Spuren.

Es ist auf einmal so still, dachte der Mann, der hinter seinem Ofen saß. Er rief nach dem Jungen, aber er bekam keine Antwort. Er ging in den Stall, aber der Stall war leer. Er schaute in den Hof hinaus, aber die Schafe waren nicht mehr da.

„Der Junge ist geflohen und hat alle meine Tiere gestohlen", schrie der Mann, als er im Schnee die vielen Spuren entdeckte.

Doch kaum hatte der Mann die Verfolgung aufgenommen, fing es an zu schneien. Es schneite dicke Flocken. Sie deckten die Spuren zu. Dann erhob sich ein Sturm, kroch dem Mann unter die Kleider und biss ihn in die Haut. Bald wusste er nicht mehr, wohin er sich wenden sollte. Der Mann versank immer tiefer im Schnee.

„Ich kann nicht mehr!", stöhnte er und rief um Hilfe.

Da legte sich der Sturm. Es hörte auf zu schneien und der Mann sah einen großen Stern am Himmel.

Was ist das für ein Stern?, dachte er.

Der Stern stand über einem Stall, mitten auf dem Feld. Durch ein kleines Fenster drang das Licht einer Hirtenlampe. Der Mann ging darauf zu. Als er die Tür öffnete, fand er alle, die er gesucht hatte, die Schafe, den Esel, die Kuh, den Ochsen, den kleinen Hund und den Jungen.

Sie waren um eine Krippe versammelt. In der Krippe lag ein Kind. Es lächelte ihm entgegen, als ob es ihn erwartet hätte. „Ich bin gerettet", sagte der Mann und kniete neben dem Jungen vor der Krippe nieder.

Am anderen Morgen kehrten der Mann, der Junge, die Schafe, der Esel, die Kuh, der Ochse und auch der kleine Hund wieder nach Hause zurück. Auf der Erde lag Schnee. Es war kalt. „Komm ins Haus", sagte der Mann zu dem Jungen, „ich habe Holz genug. Wir wollen die Wärme teilen."

(Max Bolliger, 2009)

7 Lesestunde

116) Zeitungsrunde
117) Wilhelm-Busch-Runde
118) „Die Geschichte vom Holzpferd" (Text zum Nachdenken)
119) „Der Erlkönig" (Ballade von Johann Wolfgang von Goethe)
120) „Poesie" (Texte zum Gestalten eines Poesiealbums)

Eine Lesestunde wird entsprechend der früheren Lesegewohnheiten der Bewohner, ihrer Interessen, Fähigkeiten und Ressourcen geplant und durchgeführt. Es gibt verschiedene Varianten zur Gestaltung einer Lesestunde. Hier eine kleine Auswahl:

Zeitungsrunde

Das gemeinsame Zeitungslesen mit einem Bewohner oder einer kleinen Gruppe von Bewohnern kann dazu beitragen, das Interesse an aktuellen Ereignissen aus den Bereichen Politik, Wirtschaft, Regionales u. Ä. zu erhalten oder neu zu wecken. Artikel, Anzeigen, Kommentare usw. werden vorgelesen und besprochen. Eventuell können auch einzelne Texte zum Mitlesen vergrößert, fotokopiert und verteilt werden.

Vorstellung eines Dichters

Verschiedene Texte und Gedichte eines Dichters werden ebenso vorgestellt wie auch seine Lebensgeschichte.

Texte zum Nachdenken (religiöse Texte, Fabeln u. Ä.)

Ein Text wird vorgelesen. Mithilfe gezielter Gesprächsimpulse findet ein Austausch über die Hauptaussage des Textes statt (vgl. Dunkhorst, 2001, S. 195 f.).

Gedichte, Balladen, Sprüche, Lebensweisheiten

Es werden bekannte Gedichte, Balladen, Sprüche u. Ä. vorgestellt und gemeinsam gelesen. Außerdem können einige beliebte Texte in einer Sammlung zusammengestellt werden.

Hinweise zur Lesestunde mit hochbetagten Menschen

- Damit eine Lesestunde von Anfang bis Ende interessant für die Bewohner bleibt, sollte nicht nur ein Text vorgelesen werden, sondern es ist sinnvoll, auch weitere kleinere Programmpunkte, wie z. B. Diskussionen, Gespräche, Spiele, Lieder, einzuplanen.
- Bei der Textauswahl orientiert sich die Leitung an der Gruppe, d. h., Länge und Inhalt werden entsprechend der Konzentrationsfähigkeit und der früheren Interessen der Bewohner ausgewählt.
- Texte, die vorgelesen werden, sollten leicht verständlich geschrieben sein und keine komplizierten Sätze und Begriffe enthalten.
- Texte zum Mitlesen und -sprechen werden in Großschrift kopiert.
- Die Leitung formuliert vor jeder Lesestunde mögliche Gesprächsimpulse, damit über die Texte gesprochen werden kann.
- Kleinere Texte zum Mitsprechen, wie z. B. Sprichwörter und Gedichte, werden – wenn möglich – ebenfalls angeboten.
- Es wird darauf geachtet, dass Bewohner mit Hörproblemen in der Nähe der Leitung sitzen bzw. ihr Hörgerät tragen.

(vgl. Mötzing, 2005, S. 93 f.)

Hier noch einige Hinweise zum Sprachverhalten der Leitung beim Vorlesen von Texten:

- Die Leiterin spricht laut, deutlich und langsam, aber nicht monoton.
- Sie hält Blickkontakt zu allen Zuhörern.
- Sie achtet darauf, dass ihr Mund nicht verdeckt ist (z. B. durch eine Zeitung).
- Sie „arbeitet mit der Stimme" (z. B. wird bei der wörtlichen Rede entsprechend der vorgestellten Person die Stimme angepasst).
- Sie beobachtet die Zuhörer in Bezug auf ihre Aufnahmefähigkeit und ändert gegebenenfalls ihr Sprachverhalten oder auch die geplante Vorgehensweise entsprechend der aktuellen Situation.

(vgl. Dunkhorst, 2001, S. 195 f.)

Wählen Sie für eine Lesestunde, an der auch leicht demenzerkrankte Menschen teilnehmen möchten, immer einfache, kurze Texte aus, denn gerade diese Menschen können längere und/oder anspruchsvollere Texte häufig nicht mehr verstehen (vgl. Mötzing, 2005, S. 93).

116) Zeitungsrunde

Vorbereitende Aufgaben

- Informieren Sie sich über Interessensgebiete des Bewohners/der Bewohner und wählen Sie dementsprechend Artikel der aktuellen Zeitung aus, die gemeinsam gelesen werden.
- Bereiten Sie den Raum vor:
  - Sorgen Sie für bequeme und geeignete Sitzmöglichkeiten.
  - Schalten Sie mögliche Störquellen im Vorfeld aus (z. B. Radio, Fernseher).
  - Stellen Sie Getränke bereit und denken Sie daran, den Bewohnern/dem Bewohner zwischendurch immer wieder etwas zum Trinken anzubieten.
- Überzeugen Sie sich davon, dass alle Bewohner, die auf Brille und Hörgerät angewiesen sind, diese Hilfen auch wirklich tragen.[1]

Hinführung

- Fragen Sie zunächst nach Datum und Wochentag und bieten Sie den Bewohnern eventuell als weitere Orientierungshilfe an, das entsprechende Kalenderblatt vom Vortag abzureißen und den Tagesspruch zu lesen.
- Informieren Sie die Bewohner über die Gliederung der vorhandenen Tageszeitung (z. B. „Thema der Woche", „Politik", „Kultur" usw.).
- Geben Sie einen groben Überblick über die wichtigsten Themen, indem Sie die Überschriften der zentralen Meldungen der ersten Seite vorlesen.

Hauptteil

- Stellen Sie entsprechend des Interesses der Bewohner einige Artikel vor, die Sie langsam, deutlich und etwas lauter als gewöhnlich vorlesen *oder* tragen Sie wichtige Inhalte im „Erzählstil" vor.

> Halten Sie während des Vorlesens bzw. Vortragens Blickkontakt zu den Bewohnern.

- Zeigen Sie nach Beendigung eines Themas Fotos zu diesem Artikel.
- Regen Sie zu Gesprächen über Inhalte an, indem Sie mithilfe gezielter Gesprächsimpulse z. B. Vergleiche zu früheren Zeiten anstellen, zu einem Meinungsaustausch auffordern u. Ä. Hier einige Beispielfragen:
  - Haben Sie bereits durch Radio oder Fernsehen von dieser Nachricht gehört?
  - Möchten Sie etwas zu diesem Artikel sagen?
  - Gibt es etwas, das Ihnen an dieser Mitteilung bekannt vorkommt/was ist für Sie ganz neu?
  - Haben Sie in der Vergangenheit von ähnlichen Vorfällen gehört?
  - Welche Meinung haben Sie zu den vorgestellten Aussagen, Inhalten ...?
  - Wie geht es Ihnen, wenn Sie eine solche Nachricht hören?

> Vermeiden Sie jedoch die direkte Ansprache von Teilnehmern mit geistigen Defiziten, damit diese sich nicht bloßgestellt fühlen!

Ruhiger Ausklang

- Teilen Sie den Bewohnern mit, wo sie die Tageszeitung bzw. entsprechende Internetseiten finden, um das Vorgestellte noch einmal in Ruhe nachlesen zu können oder
- informieren Sie die Bewohner (vor allem mit Sehbeeinträchtigungen) darüber, wann sie mit Ihnen oder Ihren Mitarbeitern noch einmal über die Artikel sprechen bzw. Nachfragen stellen können usw.

> Das gemeinsame Zeitungslesen sollte einen Zeitrahmen von 30–45 Minuten nicht überschreiten, da einige Bewohner sonst überfordert würden!

1: *Diese vorbereitenden Aufgaben sind Bestandteil jeder Art von Lesestunde.*

117) *Wilhelm-Busch-Runde*

Vorbereitende Aufgaben (siehe Zeitungsrunde)

Hinführung zum Thema

Variante 1: Drei kurze Textausschnitte werden vorgelesen und die Teilnehmer stellen Vermutungen darüber an, wer der Verfasser dieser Zeilen sein könnte.

Variante 2: Die Leiterin informiert über das Thema der aktuellen Lesestunde und stellt die Textausschnitte vor. Die Teilnehmer versuchen, diese den entsprechenden Wilhelm-Busch-Geschichten zuzuordnen.

Textausschnitte:

- „Also lautet ein Beschluss: Dass der Mensch was lernen muss." *(Max und Moritz, vierter Streich)*
- „Es ist ein Brauch von alters her: Wer Sorgen hat, hat auch Likör!" *(Die fromme Helene, sechzehntes Kapitel)*
- „Einszweidrei, im Sauseschritt – Läuft die Zeit; wir laufen mit." *(Julchen)*.

Kurze Information zum Dichter Wilhelm Busch: Wilhelm Busch war ein deutscher humoristischer Schriftsteller und Zeichner. Er wurde 1832 geboren und starb im Jahre 1908. Seine Bildergeschichten in Versen, wie z. B. „Max und Moritz", „die fromme Helene", „Fipps der Affe", „Julchen" und „Hans Huckebein" wenden sich hauptsächlich gegen Scheinmoral und falsche Frömmigkeit (vgl. Bertelsmann Jugendlexikon, 1999, S. 95).

Hauptteil

Die Leiterin liest den fünften Streich von Max und Moritz langsam und betont vor:

Fünfter Streich (Max und Moritz)

Wer im Dorfe oder Stadt
einen Onkel wohnen hat,
der sei höflich und bescheiden,
denn das mag der Onkel leiden.
Morgens sagt man: „Guten Morgen!
Haben Sie was zu besorgen?"
Bringt ihm, was er haben muss:
Zeitung, Pfeife, Fidibus.
Oder sollt' es wo im Rücken
drücken, beißen oder zwicken,
gleich ist man mit Freudigkeit
dienstbeflissen und bereit.
Oder sei's nach einer Prise,
dass der Onkel heftig niese,
Ruft man: „Prosit!" allsogleich,
„Danke, wohl bekomm' es Euch!"
Oder kommt er spät nach Haus,
zieht man ihm die Stiefel aus,
holt Pantoffel, Schlafrock, Mütze,
dass er nicht im Kalten sitze.
Kurz, man ist darauf bedacht,
was dem Onkel Freude macht.

Max und Moritz ihrerseits
fanden darin keinen Reiz.
Denkt euch nur, welch schlechten Witz
machten sie mit Onkel Fritz!

Jeder weiß, was so ein Mai-
käfer für ein Vogel sei.
In den Bäumen hin und her
fliegt und kriecht und krabbelt er.

Max und Moritz, immer munter,
schütteln sie vom Baum herunter.
In die Tüte von Papiere
sperren sie die Krabbeltiere.

Fort damit, und in die Ecke
unter Onkel Fritzens Decke!

Bald zu Bett geht Onkel Fritze
in der spitzen Zippelmütze;
Seine Augen macht er zu,
hüllt sich ein und schläft in Ruh.

Doch die Käfer, kritze, kratze!
kommen schnell aus der Matratze.
Schon fasst einer, der voran,
Onkel Fritzens Nase an.

„Bau!!" –
schreit er –
„Was ist das hier?!!"
Und erfasst das Ungetier.

Und den Onkel, voller Grausen,
sieht man aus dem Bette sausen.

„Autsch!!" –
Schon wieder hat er einen
im Genicke,
an den Beinen;

Hin und her
und rund herum
kriecht es, fliegt es
mit Gebrumm.

Onkel Fritz, in dieser Not
haut und trampelt alles tot.

Guckste wohl!
Jetzt ist's vorbei
mit der Käferkrabbelei!!

Onkel Fritz hat wieder Ruh
und macht seine Augen zu.

Dieses war der fünfte Streich,
doch der sechste folgt sogleich.

(Wilhelm Busch)

Anregungen für ein Gespräch:

- *Gespräch über das Verhalten gegenüber Erwachsenen:* „Erinnern Sie sich noch an Erwachsene Ihrer Kinderzeit wie Onkel, Tante, Nachbar? War es erwünscht, sich gegenüber diesen Menschen in bestimmter Art und Weise zu verhalten? Erzählen Sie von einem Erlebnis, an das Sie sich erinnern."
- *Gespräch über Streiche von sogenannten „Lausbuben":* „Haben Sie Erwachsenen Streiche gespielt, ähnlich wie in den Zeilen von Wilhelm Busch beschrieben oder kannten Sie Kinder, die man früher als sogenannte „Lausbuben" bezeichnet hat? Was haben Sie oder diese Kinder sich einfallen lassen, um Erwachsene zu ärgern?
- *Gespräch über Maikäfer:* Von Maikäferschwärmen ist in den Wilhelm-Busch-Versen zu lesen. Können Sie sich noch an Erlebnisse mit Maikäfern erinnern? Erzählen Sie davon.
- *Schluss ankündigen:* Die Leiterin gibt einen Ausblick auf die nächste Lesestunde und erfragt das Interesse an weiteren Geschichten von Wilhelm Busch. Sie nennt ein Lied, das inhaltlich zu dem letzten Gesprächsimpuls passt (z. B. „Es gibt keine Maikäfer mehr"/Reinhard Mey).

Ruhiger Ausklang

Vorspielen des Musikstücks

Tipp: Als weitere Geschichten dieser Art eignen sich beispielsweise die belehrenden Geschichten von Dr. Heinrich Hoffmann aus dem Struwwelpeter. Viele ältere Menschen erinnern sich an die Erlebnisse des garstigen, ungepflegten Struwwelpeters, der wenig Wert auf Hygiene legte, das Paulinchen, das zu gern mit dem Feuer spielte, dem Zappelphilipp, der nicht ruhig am Tisch sitzen konnte, dem Suppenkaspar, der partout nichts mehr essen wollte u.v.m.

118) *Die Geschichte vom Holzpferd (Text zum Nachdenken)*

Vorbereitende Aufgaben (siehe Zeitungsrunde, S. 121)

Durchführung der Lesestunde

Begrüßung: Vorstellung der Teilnehmer und Verteilen von Namensschildern.

Hinführung zum Thema

Variante 1: Die Leiterin breitet ein Tuch aus und legt darauf einige alte Stoff- oder Holztiere und Puppen, die reichlich abgenutzt aussehen. Sie fragt nach, ob sich einer der Teilnehmer an seine Lieblingspuppe/sein Lieblingsspieltier erinnert, welche Bedeutung das Spielzeug für ihn hatte, ob er Erlebnisse mit dem Spielzeug verbindet usw.
Variante 2: Die Leiterin zeigt Fotos von alten abgenutzten Spieltieren und stellt ähnliche Fragen wie in Variante 1 (eine Vorlage geeigneter Fotos befindet sich auf Seite 126)

Hauptteil:

- Die Leiterin nennt den Titel der Geschichte, die von einem Gespräch zwischen zwei Spielzeugtieren handelt.
- Der folgende Text wird vorgelesen:

Die Geschichte vom Holzpferd

...„Das Holzpferd", so heißt es, „lebte länger im Kinderzimmer als irgendjemand sonst. Es war so alt, dass sein brauner Stoffüberzug ganz abgeschabt war. Es war in Ehren alt und weise geworden."
„Was ist wirklich?" fragte eines Tages der Stoffhase, als sie Seite an Seite lagen. „Bedeutet es, Dinge in sich zu haben, die summen und mit einem Griff ausgestattet zu sein?" – „Wirklich", antwortete das Holzpferd, „ist nicht, wie man gemacht ist. Es ist etwas, was an einem geschieht. Wenn ein Kind dich liebt für eine lange, lange Zeit, nicht nur um mit dir zu spielen, sondern dich wirklich liebt, dann wirst du wirklich." – „Tut es weh?" fragte der Hase. „Manchmal", antwortete das Holzpferd. „Wenn du wirklich bist, dann hast du nichts dagegen, dass es wehtut." – „Geschieht es auf einmal, so wie wenn man aufgezogen wird?" „Es geschieht nicht auf einmal", sagte das Holzpferd. „Du wirst. Es dauert lange. Das ist der Grund, warum es nicht oft an denen geschieht, die leicht brechen oder die scharfe Kanten haben oder die schön gehalten werden müssen. Im Allgemeinen sind zur Zeit, da du wirklich sein wirst, die Augen ausgefallen; du bist wacklig in den Gelenken und sehr hässlich. Aber diese Dinge sind überhaupt nicht wichtig; denn wenn du wirklich bist, kannst du nicht hässlich sein, ausgenommen in den Augen von Leuten, die überhaupt keine Ahnung haben."
„Ich glaube, du bist wirklich", meinte der Stoffhase. Und dann wünschte er, er hätte das nicht gesagt – das Holzpferd könnte empfindlich sein. Aber das Holzpferd lächelte nur ...

(vgl. Williams, 1997)

Anregungen für ein Gespräch:

- Der Stoffüberzug des alten Holzpferdes war abgeschabt, es selbst wirkte hässlich und unansehnlich. Von welchen Erlebnissen, die es mit dem Kind gehabt hat, das mit ihm spielte, könnte es unter Umständen berichten?
- An was haben Sie beim Zuhören gedacht?
- Was meinen Sie, will uns der Autor durch diese Geschichte noch mitteilen? Wie denken Sie darüber?

Je nach Teilnehmergruppe werden nun eventuell auch folgende Themen zur Sprache kommen:

- *äußere und innere Schönheit,*
- *Bedeutung von Beziehungen,*
- *Belastungen in Beziehungen und Umgang damit,*
- *Weisheit des Alters*

Die Leiterin versucht, diese verschiedenen Ansichten mit eigenen Worten zusammenzufassen, ohne diese zu bewerten **oder**
sie teilt der Gruppe mit, dass sie drei Sprüche vorstellen möchte, die alle zu dieser Geschichte passen, je nachdem aus welchem Blickwinkel heraus der Inhalt betrachtet wird. Sie liest die Sprüche vor (siehe Seite 127).

Ruhiger Ausklang

Die Leiterin lässt jeden Teilnehmer ein Bild von dem Holzpferd mit dem Spruch, der ihm am besten gefällt, auswählen (genügend Kopien der Vorlage auf Seite 127 bereithalten!). Es bleibt jedem Teilnehmer überlassen, dieses Bild noch, mit einem Passepartout zu versehen u. Ä., hierfür werden Buntstifte und farbiges Tonpapier bereitgestellt.

Tipp: Als weitere Texte zum Nachdenken eignen sich auch lehrhafte Erzählungen wie Fabeln, in denen häufig Tieren menschliche Eigenschaften zugesprochen werden. Ältere Menschen kennen viele dieser Fabeln noch aus ihrer Schulzeit, sodass ein grundsätzliches Interesse an dieser Textform gegeben sein dürfte.
Zu einigen der bekanntesten Fabeln gehören z. B. „Der Rabe und der Fuchs“ (La Fontaine), „Von dem Wolf und dem Lamm“ (Äsop/Steinhöwel) und „Die Stadtmaus und die Feldmaus“ (Martin Luther).

„... Manchmal muss das Leben
wehtun.
Denn nur wenn's wehtut
ist es gut ..."

Rosenstolz (2008)

„Alles, dem wir Aufmerksamkeit
schenken,
erwacht zum Leben."

Verfasser unbekannt

„Man sieht nur mit dem Herzen gut.
Das Wesentliche ist für die Augen
unsichtbar."

Antoine de Saint-Exupéry

119) *Der Erlkönig (Ballade von Johann Wolfgang von Goethe)*

Vorbereitende Aufgaben (siehe Zeitungsrunde)

Hinführung zum Thema

Die Leiterin teilt den Teilnehmern mit, dass sie ihnen heute eine Ballade vorstellen möchte, die von einem besorgten Vater handelt, der sich mit seinem todkranken Sohn mitten in der Nacht auf den Weg zu einem Arzt macht. Sie fragt, ob jemand weiß, um welche Ballade es sich handelt. (Der Erlkönig von Johann Wolfgang von Goethe)

Kurze Information zum Dichter Johann Wolfgang von Goethe:

Johann Wolfgang von Goethe war einer der größten deutschen Dichter. Er wurde am 28. August 1749 in Frankfurt am Main geboren und starb im Jahre 1832. Goethe studierte Rechtswissenschaften in Leipzig und Straßburg und lebte ab 1775 als hoher Staatsbeamter in Weimar. Goethe schrieb Gedichte, Romane und Theaterstücke. Das berühmteste Drama ist der „Faust", an dem Goethe sein ganzes Leben lang arbeitete. Goethe hat sich jedoch nicht nur mit der Literatur beschäftigt, sondern besaß viele Talente. Er selbst freute sich am meisten über seine Leistungen als Naturforscher. Seine Vorstellungen von der Natur des Lichts und seine Kritik an den Verfahrensweisen der modernen Wissenschaft fanden jedoch keine Anhänger und seine 1810 veröffentlichte „Farbenlehre" gehört heute zu den vergessenen Texten Goethes. Mit seinem Tod endete die große Epoche der deutschen Klassik (vgl. Bertelsmann Jugendlexikon, 1999, S. 225).

Hauptteil

- Die Leiterin liest die Ballade „Der Erlkönig" (siehe folgende Seite) langsam und betont vor.
- Anregungen für ein Gespräch:
  - Erinnern Sie sich noch daran, wann Sie die Ballade das erste Mal gehört haben?
  - Welche Bilder entstehen beim Zuhören?
  - Gibt es eine Textstelle, die Sie besonders anspricht?
  - Haben Sie schon einmal miterlebt, dass diese oder eine andere Ballade öffentlich vorgetragen wurde oder haben Sie vielleicht selbst schon einmal bei einer solchen Aufführung mitgewirkt?
- Die Leiterin regt die Gruppe an, die Ballade mit verteilten (Sprech-)Rollen vorzutragen (Erzähler, Erlkönig, Vater, Sohn).

Ruhiger Ausklang

Die Leiterin teilt der Gruppe mit, dass diese Ballade häufig vertont wurde und schlägt vor, eine musikalische Variante des Erlkönigs gemeinsam anzuhören (z. B. die Vertonung von Franz Schubert: Bostridge/Drake: Schubert Lieder, 1998). Sie regt weiterhin dazu an, je nach Interesse während des Musikhörens frei oder gegenständlich zu malen.

Erlkönig

(Johann Wolfgang von Goethe)

Erzähler: Wer reitet so spät durch Nacht und Wind?
Es ist der Vater mit seinem Kind.
Er hat den Knaben wohl in dem Arm
Er fasst ihn sicher, er hält ihn warm.

Vater: Mein Sohn was birgst du so bang dein Gesicht?

Sohn: Siehst Vater du den Erlkönig nicht?
Den Erlenkönig mit Kron und Schweif?

Vater: Mein Sohn es ist ein Nebelstreif.

Erlkönig: Du liebes Kind, komm geh mit mir,
Gar schöne Spiele spiel ich mit dir,
Manch bunte Blumen sind an dem Strand,
Meine Mutter hat manch gülden Gewand.

Sohn: Mein Vater, mein Vater und hörest du nicht
Was Erlenkönig mir leise verspricht?

Vater: Sei ruhig, bleibe ruhig Kind,
In dürren Blättern säuselt der Wind.

Erlkönig: Willst feiner Knabe du mit mir gehn?
Meine Töchter sollen dich warten schön,
Meine Töchter führen den nächtlichen Reihn
Und wiegen und tanzen und singen dich ein.

Sohn: Mein Vater, mein Vater und siehst du nicht dort
Erlkönigs Töchter am düstern Ort?

Vater: Mein Sohn, mein Sohn ich seh es genau,
Es scheinen die alten Weiden so grau.

Erlkönig: Ich liebe dich, mich reizt deine schöne Gestalt,
Und bist du nicht willig, so brauch ich Gewalt!

Sohn: Mein Vater, mein Vater jetzt fasst er mich an!
Erlkönig hat mir ein Leids getan.

Erzähler: Dem Vater grauset's, er reitet geschwind,
Er hält in Armen das ächzende Kind
Erreicht den Hof mit Müh und Not;
In seinen Armen das Kind war tot.

120) „Poesie“ (Texte zum Gestalten eines Poesiealbums)

Vorbereitende Aufgaben (siehe Zeitungsrunde)

Hinführung zum Thema

- Die Teilnehmer betreten den Raum, während im Hintergrund Musik zum Thema „Blumen“ zu hören ist (je nach Interesse der Gruppe das klassische Stück „Rosen aus dem Süden“ von Johann Strauss, das Schubert-Lied „Heidenröslein“, der Schlager „Rote Rosen“ von Freddy Breck o. Ä.).
- Die Leiterin begrüßt die Teilnehmer, die sich an die Tische setzen, auf denen sich mehrere kleine Vasen mit Blumensträußen, überwiegend mit Rosen bestückt, befinden.
- *Gesprächsanregungen zu Beginn der Lesestunde:*
  - *Wissen Sie noch, wann Sie das letzte Mal Rosen geschenkt bekamen?*
  - *Welches sind Ihre Lieblingsblumen?*
  - *Erinnern Sie sich noch an die Blumen in Ihrem Hochzeitsstrauß?*
  - *Kennen Sie Sprüche über Blumen?*
- Die Leiterin teilt der Gruppe mit, dass sie ihnen heute einige „blumige“ Poesiealbumsprüche vorlesen möchte und dass anschließend eine Spruchsammlung erstellt werden soll.

Hauptteil

Die Leiterin liest folgende Sprüche langsam und betont vor:

Blüh wie das Veilchen im Moose,
sittsam bescheiden und rein.
Und nicht wie die stolze Rose,
die immer bewundert will sein.
(mündlich überliefert)

Ins Freundschaftsgärtchen hier
pflanz ich auf weiß' Papier
ein Blümlein – schönres gibt es nicht –
es wird genannt Vergissmeinnicht.
(mündlich überliefert)

Primeln und Veilchen
blühn nur ein Weilchen:
Rosen und Flieder
verblassen wieder,
Maiglöckchens Düfte im Winde verwehn,
doch unsere Freundschaft soll immer bestehn.
(mündlich überliefert)

Der Rose süßer Duft genügt,
man braucht sie nicht zu brechen.
Und wer sich mit dem Duft begnügt,
den wird ihr Dorn nicht stechen.
(mündlich überliefert)

Von allen Blumen auf der Flur
ist eine unvergänglich nur;
die andern deckt zur Wintersruh
der Schnee mit weißem Schleier zu.
Die eine, wenn es friert und schneit
Wohl in der langen Winterszeit,
klopft sanft an unser Herz und spricht:
„Macht auf! Ich bin's Vergissmeinnicht!“
Und wo ein Herz in Liebe glüht,
wo wahre Freundschaft treulich blüht,
wo man der Treue Kränze flicht,
blüht unverwelkt Vergissmeinnicht!
(mündlich überliefert)

Zwischen den einzelnen Sprüchen lässt die Leiterin den Teilnehmern genügend Zeit, um sich über Erinnerungen über diesen oder ähnliche Sprüche auszutauschen, ihr Gefallen oder Missfallen über die Zeilen zu äußern u. Ä. m.

Ruhiger Ausklang

Die Gruppe beginnt damit, eine eigene Spruchsammlung zu erstellen. Je nach Fähigkeiten der einzelnen Bewohner werden thematisch passende und weitere Sprüche aus Büchern (z. B. aus Navé, Renate (Hrsg.): Die schönsten Sprüche für das Poesiealbum) aufgeschrieben und/oder mit entsprechenden Bildchen illustriert.

Anhang

Redewendungen und deren Bedeutung

Der Apfel fällt nicht weit vom Stamm	jemand zeigt ähnliche (negative) Verhaltensweisen wie die Eltern bzw. ein Elternteil
den Ast absägen, auf dem man sitzt	sich selbst durch sein Verhalten die eigene Lebensgrundlage nehmen
ein Brett vor dem Kopf haben	nicht verstehen, was gemeint ist
er soll mir den Buckel herunterrutschen	er soll mich in Ruhe lassen
mit jemandem unter einer Decke stecken	im geheimen Einverständnis mit jemandem sein
die Flinte ins Korn werfen	schnell aufgeben
jemandem einen Floh ins Ohr setzen	jemanden auf eine Idee, einen Gedanken bringen, der ihn nicht mehr zur Ruhe kommen lässt
wer im Glashaus sitzt, soll nicht mit Steinen werfen	nicht anderen Fehler vorwerfen, die man selbst macht oder hat
auf dem Holzweg sein	sich in einer Angelegenheit völlig irren
für jemanden die Kartoffeln aus dem Feuer holen	unangenehme Aufgaben für einen anderen erledigen
die Katze aus dem Sack lassen	die Wahrheit, Absicht, ein Geheimnis o. Ä. preisgeben
mit dem Kopf durch die Wand wollen	etwas unbedingt durchsetzen wollen, obwohl es nicht geht
Krokodilstränen weinen	vortäuschen, über etwas traurig zu sein
Morgenstund' hat Gold im Mund	morgens lässt es sich gut arbeiten
aus einer Mücke einen Elefanten machen	eine Kleinigkeit maßlos übertreiben
Nägel mit Köpfen machen	etwas richtig anfangen und konsequent durchführen
jemanden an der Nase herumführen	jemanden täuschen
jemand steht unter dem Pantoffel	der Ehemann wird herumkommandiert
Perlen vor die Säue werfen	jemandem etwas geben oder schenken, der dieses nicht zu schätzen weiß
jemandem auf den Schlips treten	jemandem zu nahe treten, ihn kränken oder beleidigen
jemandem etwas in die Schuhe schieben	jemandem die Schuld an etwas zuweisen
besser ein Spatz in der Hand als eine Taube auf dem Dach	man sollte mit dem zufrieden sein, was erreichbar ist und nicht etwas Unsicheres anstreben
eine Stecknadel im Heuhaufen suchen	etwas suchen, ohne oder mit nur sehr geringer Hoffnung darauf, es zu finden
sich an einen Strohhalm klammern	auf jede noch so geringe Chance auf Rettung hoffen
in Teufels Küche kommen	große Schwierigkeiten bekommen
wie man es in den Wald hineinruft, so schallt es heraus	Reaktionen anderer hängen davon ab, wie man sich selbst vorher verhalten hat

Zeitliste historischer Ereignisse

Jahr	Ereignis
1914–1918	Erster Weltkrieg, Deutschland und Österreich kämpfen gegen Russland, Frankreich und Großbritannien; Ende des Kaiserreiches; Niederlage Deutschlands
1919–1933	Weimarer Republik. Die ersten Jahre sind gekennzeichnet durch Inflation, soziale Unruhen und Umsturzversuche rechts- und linksradikaler Gruppen.
1929	Weltwirtschaftskrise, viele Familien verlieren ihren Besitz. Es herrscht Massenarbeitslosigkeit.
1933	Machtübernahme durch die NSDAP, Kinder werden Mitglieder von Jugendgruppen (BDM = Bund deutscher Mädchen und HJ = Hitlerjugend), Jugendliche müssen Arbeitsdienst leisten.
1935	Nürnberger Gesetze werden erlassen, welche die Vernichtung der Juden, Sinti ... „legalisieren" (Rassengesetze).
1939–1945	Zweiter Weltkrieg. Kinder sehen ihre Väter nur auf kurzen Fronturlauben, da Männer als Soldaten eingezogen werden. In Schulen unterrichten nur noch Lehrerinnen oder Lehrer mit Behinderungen. Lebensmittel und Kleidung werden rationiert.
1940–1945	Bombenangriffe auf viele deutsche Städte, Frauen mit Kindern werden in ländliche Gebiete umgesiedelt, die z.T. weit von ihrem Heimatort entfernt liegen.
1944	Die Rote Armee rückt vor, die Ostfront (Russland) verschiebt sich nach Westen; die Menschen fliehen mit ihrem transportablen Hab und Gut aus den deutschen Ostgebieten (Ostpreußen, Westpreußen, Pommern, Schlesien). Durch die ostdeutschen Städte ziehen die Trecks der Flüchtlinge.
1945	Bedingungslose Kapitulation, Ende des Dritten Reiches, Alliierte Truppen der USA, Sowjetunion, Großbritanniens und Frankreichs befreien Deutschland. Berlin wird in vier Besatzungszonen eingeteilt. Die Menschen in West- und Mitteldeutschland rücken zusammen, um Wohnungen für Flüchtlinge frei zu machen. Es gibt weiterhin Lebensmittel und Bekleidung nur auf Marken. In den Städten wird z.T. gehungert. Die Menschen versuchen in den Dörfern, verbliebene Habseligkeiten gegen Lebensmittel einzutauschen.
1948	Währungsreform: Umstellung der Reichsmark auf Deutsche Mark; man kann wieder etwas kaufen für sein Geld. Danach das „Wirtschaftswunder" – der unerwartet schnelle wirtschaftliche Aufschwung in Westdeutschland.
1949	Provisorische Verfassung „Grundgesetz" in Westdeutschland. Bildung der Regierung Grotewohl in der DDR. Berlin wird Hauptstadt der DDR. Bonn wird provisorische Hauptstadt der BRD.
1949 –1963	Konrad Adenauer (CDU) amtiert als Bundeskanzler.
1953	Aufstand in der DDR: Der Protest der Bauarbeiter gegen die Steigerung der Arbeitsleistung wird zu einem landesweiten Aufstand für Freiheit und deutsche Einheit, den das sowjetische Militär niederschlägt.
1961	Bau der Berliner Mauer. Kontakte zwischen beiden deutschen Staaten gibt es nur auf niederer Ebene. Die Führung der DDR betreibt eine Politik starker „Abgrenzung" gegenüber der BRD, um bei den Bürgern keine Hoffnung auf Wiedervereinigung aufkommen zu lassen.
1963–1965	Ludwig Erhard amtiert als Bundeskanzler.
1966–1969	Kurt Georg Kiesinger (CDU) amtiert als Bundeskanzler.
Ab 1967	Außerparlamentarische Opposition in der Bundesrepublik (APO), Studentenunruhen, vieles im Alltagsverhalten wird kritisiert und überdacht.
1969	Sozialliberale Koalition von SPD und FDP.
1969–1974	Willy Brandt (SPD) amtiert als Bundeskanzler.
1973	Aufnahme der BRD und DDR in die UNO.
1974	Rücktritt Willy Brandts nach der sogenannten „Guillaume-Affäre", neuer Bundeskanzler wird Helmut Schmidt (SPD).
1976	Erich Honecker (SED) wird Staatsratsvorsitzender der DDR.
1982	Beendigung der sozialliberalen Koalition, Helmut Kohl wird Bundeskanzler.
1989	Fall der Berliner Mauer; viele Menschen reisen an Orte, an denen sie ihre Kindheit und Jugend verbracht haben.
1990	Am 3. Oktober erfolgt die offizielle Wiedervereinigung beider deutscher Staaten.
1998–2005	Gerhard Schröder (SPD) amtiert als Bundeskanzler.
1999	Umzug des Bundestages von Bonn nach Berlin.
22.11.2005	Angela Merkel wird Bundeskanzlerin

(vgl. Köther, 2005, S. 272; Bertelsmann Universal Lexikon, 2002, S. 192 f.)

Liste beliebter Volkslieder/Gestaltungs- und Einsatzmöglichkeiten

Liedtitel	Gestaltungsmöglichkeit	Anlass
Abendstille überall	Kanon	Tageszeit (Abend)
Aber heidschi bum beidschi	einstimmiger Gesang	Tageszeit (Abend)
Ade zur guten Nacht	einstimmiger Gesang	Tageszeit (Abend)
Alle Jahre wieder	einstimmiger Gesang	Weihnachten
Alle Vögel sind schon da	eventuell mehrstimmig	Jahreszeit (Frühling)
Am Aschermittwoch ist alles vorbei	einstimmiger Gesang	Karneval
Am Brunnen vor dem Tore	einstimmiger Gesang	beliebig
Am Rosenmontag bin ich geboren	einstimmiger Gesang	Karneval
Auf de schwäbsche Eisebahne	einstimmiger Gesang	z. B. Karneval
Auf du junger Wandersmann	einstimmiger Gesang	z. B. Spaziergang
Auf einem Baum ein Kuckuck saß	einstimmiger Gesang	beliebig
Bald gras' ich am Neckar	einstimmiger Gesang	beliebig
Beim Kronenwirt	einstimmiger Gesang	z. B. Karneval
Bruder Jakob	Kanon	Tageszeit (Morgen)
Bunt sind schon die Wälder	einstimmiger Gesang	Jahreszeit (Herbst)
Danket, danket dem Herrn	Kanon	beliebig
Das Wandern ist des Müllers Lust	einstimmiger Gesang	z. B. Spaziergang
Der Kuckuck und der Esel	einstimmiger Gesang	beliebig
Der Mai ist gekommen	einstimmiger Gesang	Jahreszeit (Frühling)
Der Mond ist aufgegangen	einstimmiger Gesang	Tageszeit (Abend)
Die Gedanken sind frei	einstimmiger Gesang	beliebig
Du, du liegst mir im Herzen	einstimmiger Gesang	beliebig
Eine Seefahrt, die ist lustig	Wechselgesang	beliebig
Ein Jäger aus Kurpfalz	einstimmiger Gesang	beliebig[1]
Ein Jäger längs dem Weiher ging	Wechselgesang	beliebig
Ein kleiner Matrose	Bewegungslied	beliebig
Ein Männlein steht im Walde	einstimmiger Gesang	beliebig
Ein Vogel wollte Hochzeit machen	Wechselgesang	beliebig
Es geht eine helle Flöte	einstimmiger Gesang	Jahreszeit (Frühling)
Es ist ein Ros' entsprungen	einstimmiger Gesang	Weihnachten
Es ist für uns eine Zeit angekommen	einstimmiger Gesang	Jahreszeit (Winter)
Es klappert die Mühle	Bewegungslied	beliebig
Es tönen die Lieder	Kanon	Jahreszeit (Frühling)
Es wollt' ein Schneider wandern	einstimmiger Gesang	beliebig
Freut euch des Lebens	Wechselgesang	beliebig
Froh zu sein, bedarf es wenig	Kanon	beliebig
Ging ein Weiblein Nüsse schütteln	einstimmiger Gesang	Jahreszeit (Herbst)
Guter Mond, du gehst so stille	einstimmiger Gesang	Tageszeit (Abend)
Großer Gott, wir loben dich	einstimmiger Gesang	beliebig
Grün, grün, grün	einstimmiger Gesang	beliebig
Hab mei Wage vollgelade	einstimmiger Gesang	beliebig
Hejo, spann den Wagen an	Kanon	Jahreszeit (Herbst)
Ich bin das ganze Jahr vergnügt	einstimmiger Gesang	beliebig

Im Frühtau zu Berge	einstimmiger Gesang	Tageszeit (Morgen)
Im Märzen der Bauer	einstimmiger Gesang	Jahreszeit (Frühling)
Jetzt fängt das schöne Frühjahr an	einstimmiger Gesang	Jahreszeit (Frühling)
Jetzt fahrn wir übern See	einstimmiger Gesang (Pfänderlied)	beliebig
Kein schöner Land	einstimmiger Gesang	beliebig
Keinen Tropfen im Becher mehr	einstimmiger Gesang	z. B. Karneval
Komm, lieber Mai	einstimmiger Gesang	Jahreszeit (Frühling)
Kommt ein Vogel geflogen	einstimmiger Gesang	Jahreszeit (Frühling)
Lasst uns froh und munter sein	Wechselgesang	Nikolaus
Leise rieselt der Schnee	einstimmiger Gesang	Weihnachten
Lobe den Herren	einstimmiger Gesang	beliebig
Lobet und preiset	Kanon	beliebig
Macht hoch die Tür	einstimmiger Gesang	Advent
Mein Hut, der hat drei Ecken	Bewegungslied	z. B. Karneval
Muss i denn	Bewegungslied	Abschied
Nun ade, du mein lieb' Heimatland	einstimmiger Gesang	Abschied
Nun will der Lenz uns grüßen	einstimmiger Gesang	Jahreszeit (Frühling)
Nun wollen wir singen das Abendlied	einstimmiger Gesang	Tageszeit (Abend)
O du fröhliche	einstimmiger Gesang	Weihnachten
O du lieber Augustin	einstimmiger Gesang	beliebig
O hängt ihn auf	Wechselgesang	z. B. Karneval
O Tannenbaum	einstimmiger Gesang	Weihnachten
Sabinchen war ein Frauenzimmer	einstimmiger Gesang	beliebig
Sah ein Knab ein Röslein stehn	einstimmiger Gesang	beliebig
Schön ist die Jugend	einstimmiger Gesang	beliebig
Schön ist die Welt	einstimmiger Gesang	beliebig
Schwarzbraun ist die Haselnuss	einstimmiger Gesang	beliebig
Stille Nacht	einstimmiger Gesang	Weihnachten
Süßer die Glocken nie klingen	einstimmiger Gesang	Weihnachten
Trara, das tönt wie Jagdgesang	Kanon	beliebig
Üb' immer Treu und Redlichkeit	einstimmiger Gesang	beliebig
Viel Glück und viel Segen	Kanon	Geburtstag
Wach auf mein Herz und singe	einstimmiger Gesang	Tageszeit (Morgen)
Wenn alle Brünnlein fließen	einstimmiger Gesang	beliebig
Wenn der Topp aber nun ein Loch hat	Wechselgesang	beliebig
Wenn ich ein Vöglein wär	einstimmiger Gesang	beliebig
Wer hat die schönsten Schäfchen	einstimmiger Gesang	Tageszeit (Abend)
Winter ade	einstimmiger Gesang	Jahreszeit (Winter)
Zu Bethlehem geboren	einstimmiger Gesang	Weihnachten
Zwischen Berg und tiefem, tiefem Tal	einstimmiger Gesang	beliebig

1: Florian Söll und Gerd Haehnel stellen in ihrem Buch „Wir spielen mit unseren Schatten", Kallmeyer, 2001 eine interessante Parodie auf dieses Volkslied vor, das eventuell von den Mitarbeitern für die älteren Menschen zu Karneval oder einem ähnlichen Anlass vorgespielt werden könnte.

Literaturverzeichnis

A

Altenpflege konkret. Pflegetheorie und Praxis, 1. Auflage, München/Jena, Urban & Fischer, 2001

B

Baer, Ulrich (Hrsg.): 666 Spiele. Für jede Gruppe. Für alle Situationen. Seelze, Velber, 3. Auflage, 1995

Becker, Brigitte: Seniorenspiele, 4. Auflage, Wehrheim, Verlag gruppenpädagogischer Literatur Wolfgang Künne, 2005

Bertelmann Jugendlexikon, Gütersloh, Bertelsmann Lexikonverlag, 1999

Bertelsmann Universal Lexikon, Gütersloh/München, Bertelsmann Lexikonverlag, 2001

Binkowski, Bernhard (Hrsg.): Unser Liederbuch Band II, 9. Auflage, Stuttgart, J. B. Metzlersche Verlagsbuchhandlung und Carl Ernst Poeschel Verlag GmbH, 1974

Blimlinger, Eva Ertl, Angelika Koch-Straube, Ursula Wappelshammer, Elisabeth: Lebensgeschichten, Biografiearbeit mit alten Menschen, 2. Auflage, Hannover, Vincentz Verlag, 1996

Bolliger, Max: Ein Duft von Weihrauch und Myrrhe. Weihnachtslegenden, Eschbach/Markgräferland, Verlag am Eschbach der Schwabenverlag AG, 2009

Broich, Josef: Seniorenspiele. Über 100 neue Gruppenspiele mit Bewegung, Kontakt und Vergnügen, Köln, Maternus, 1997

Brumberger, Reinhold, P./Maderner, Karl, P./Scheifele, Claus, P.: Der Bettelmusikant, Bonn-Bad Godesberg, Voggenreiter, 1978

D

Detering, Heinrich (Hrsg.): Reclams großes Buch der deutschen Gedichte, Stuttgart, Reclam, 2007

Dill, Helga/Koblinger, Dagmar: Soziologie für die Altenpflege. Troisdorf, Bildungsverlag EINS GmbH, 2000

Duden, Band 11, Redewendungen, Wörterbuch der deutschen Idiomatik, 2. Auflage, Mannheim/Leipzig/Wien/Zürich, Dudenverlag, 2002

Dühring, Angela/Habermann-Horstmeier, Lotte: Das Altenpflegelehrbuch. Medizinische und psychosoziale Grundlagen für die Pflege alter Menschen, 2. Auflage, Stuttgart, F. K. Schattauer, 1996

Dunkhorst, Heike: Lehrbuch Altenpflege. Gestaltung und Beschäftigung, Hannover, Vincentz, 2001

E

Evers, Magrit: Geselligkeit mit Senioren. Wahrnehmen, Gestalten, Bewegen, hrsg. von Peter Thiesen, Weinheim, Beltz Verlag, 1994

F

Fuchs, Peter/Gundlach, Willi (Hrsg.): Unser Liederbuch für die Grundschule, Stuttgart, Klett, 1966

Füller, Klaus: Musik mit Senioren, Theoretische Aspekte und praktische Anregungen, Weinheim, Beltz, 1994

H

Harms, Heidrun/Dreischulte Gaby: Musik erleben und gestalten mit alten Menschen, 2. Auflage, München, Urban & Fischer, 1998

Höfmann, Elfi: Spaß haben, Teil 1: Aktivierung der Bewohner durch Gedächtnistraining, Hannover, Vincentz Verlag, 1999

J

Joppig, Wolfgang: Gruppenarbeit mit Senioren, 7. Auflage, Troisdorf, Bildungsverlag EINS, 2009

K

Klütsch, Evelyn: Feste feiern, hrsg. von Heinz Joachim Büker, Hannover, Vincentz, 1991

Köther, Ilka (Hrsg.): Altenpflege in Ausbildung und Praxis, 4. Auflage, Stuttgart, Georg Thieme Verlag, 2000

Köther, Ilka (Hrsg.): Altenpflege. Zeitgemäß und zukunftsweisend, Stuttgart; New York, Georg Thieme Verlag, 2005

L

Leitner, Gertrud: Spaß haben, Teil 2: Mit Gedächtnistraining durch das Jahr, Hannover, Vincentz, 2000

M

Mattern, Bianca: Montessori für Senioren, Montessoripädagogische Arbeit mit Senioren/Hochaltrigen im betreuten Wohnen, 2. Auflage, Dortmund, Verlag Modernes Lernen, 2004

Mergast, Paul/Uihlenkamp, Gisela: Gesellschaftsspiele im Seniorenclub. 150 für Senioren ausgewählte und erprobte Spiele, 4. Auflage, München, Don Bosco Verlag, 1992

Mötzing, Gisela: Beschäftigung mit alten Menschen, München, Elsevier, 2005

R

Ruhe, Hans Georg: Methoden der Biografiearbeit, Lebensgeschichte und Lebensbilanz in Therapie, Altenhilfe und Erwachsenenbildung, Weinheim und Basel, Beltz, 1998

S

Schiefele, Josefa/Staudt, Ilse/Dach, Margarete M.: Praxis der Altenpflege, 7. Auflage, München, Urban & Schwarzenberg, 1996

Schmidt-Hackenberg, Ute: Wahrnehmen und Motivieren. Die 10-Minuten-Aktivierung für die Begleitung Hochbetagter, Hannover, Vincentz, 1996

Schöntges, Jürgen: Freche Lieder-Liebe Lieder, Weihnheim, Beltz, 2006

Schuler, Sabine/Georg, Christine (Hrsg.): Das Ravensburger Buch der Advents- und Weihnachtsgeschichten, Ravensburger Buchverlag, 2006

Schuster, Elke: Zwergenstübchen Geburtstagsbuch, Werl i. W.: Vehling, 1998

Struwwelpeter und Consorten, Bilderbögen und Bildergeschichten, Hildesheim, Gerstenberg, 2003

T

Teufel, Judith: Standards für Einrichtungen der Tagespflege. Betreuung und Beschäftigung, Hannover, Schlütersche GmbH & Co. KG, 2001

Thiesen, Peter: Praxisbuch Kreatives Spiel mit Kindern, Jugendlichen und Erwachsenen, Troisdorf, Bildungsverlag EINS, 1995

W

Williams, Margery: Das Samtkaninchen, übers. v. Carsten Meyer, München: Leutz, 1997

Wilken, Hedwig: Bewegen und Begegnen im Alter. Spiele für Senioren, Münster, Ökotopia, 1995

Register

Bildquellenverzeichnis

© Andrea Wilmes, Hamm: Umschlagfoto, S. 18 (alle), 23, 27 (unten), 36, 43, 44, 55, 81, 83, 87 (2x), 88 (2x), 89 (2x), 90 (2x), 91, 92 (oben), 94, 116, 126 (alle)

© Oliver Wetterauer, Stuttgart/Bildungsverlag Eins, Troisdorf: S. 9, 13, 24, 26, 27 (oben), 35, 45, 46 (alle), 47 (alle), 48, 53, 58, 61, 68 (alle), 69 (alle), 75, 79, 80, 84, 86, 95, 104, 107, 110, 118, 119, 127

© drizzd/Fotolia.com: S. 16

© Creativstudio/Fotolia.com: S. 19

© Sveta/Fotolia.com: S. 21 (Schokolade)

© Emre Günaydin/Fotolia.com: S. 21 (Eiswürfel)

© Stephanie Bandmann/Fotolia.com: S. 21 (Berg)

© Xavier/Fotolia.com: S. 21 (Salat, Ei)

© Angelika Brauner, Hohenpeißenberg/Bildungsverlag Eins, Troisdorf: S. 21 (Mann)

© Eray Haciosmanoglu/Fotolia.com: S. 21 (Erde)

© Frank Schmolke, Markt Indersdorf/Bildungsverlag Eins, Troisdorf: S. 21 (Bär)

© Thomas Weißenfels/Fotolia.com: S. 21 (Waffel)

© MEV Verlag, Ausgsbug/GEWA Fotostudio: S. 29, 34, 49

© Isame/Fotolia.com: S. 39

© Martina Berg/Fotolia.com: S. 42

© picture-alliance/ZB: S. 56

© MEV Verlag, Ausgsburg/Rudolf Kostolnik: S. 65

© Mademoiselle Bézier/Fotolia.com: S. 93 (alle)

© Matthew Bowden/Fotolia.com: S. 98

© LianeM/Fotolia.com: S. 100

© Alexey Bannykh/Fotolia.com: S. 102

© MEV Verlag, Augsburg/Gerhard Dagner: S. 108

© Steffie Becker, Bonn/Bildungsverlag Eins, Troisdorf: S. 112

© Actomic/Fotolia.com: S. 117 (alle)

© picture-alliance/akg-images: S. 123, 128

© Alexander Potapov/Fotolia.com: S. 130 (alle)